Erich Purk · Erwarten

Erich Purk

Erwarten

Der spirituelle Adventsbegleiter

kbw bibelwerk

www.bibelwerk.de

ISBN 978-3-460-27135-7

Umschlaggestaltung: Finken & Bumiller, Stuttgart
Satz und Repro: Olschewski Medien GmbH, Stuttgart
Gedruckt in der Tschechischen Republik.

Inhaltsverzeichnis

Vorwort

Advent ist für mich die Zeit der Erwartung. Als Kind freute ich mich auf den Advent: Der Vater holte die große Kiste mit dem Schmuck für den Christbaum vom Dachboden herunter. Die bunten Kugeln lagen fein verpackt im Schuhkarton. Die Mutter kaufte jedes Jahr noch ein paar Kugeln dazu. Und dann kam der Tag, da sagte mein Vater: „Heute holen wir unseren Baum für das Fest!" Eine besonders schöne Tanne musste es sein. Dann würden alle wieder sagen: „Ihr habt aber einen schönen Weihnachtsbaum!"

Der Advent ist die Zeit der Vorfreude. Ich mag den Advent. Mir scheint aber, dass wir den Advent immer öfters verpassen. Wir hasten und eilen. Wir kaufen Geschenke und sind schon sehr frühzeitig zum Festessen der Firma eingeladen. Die vielen Weihnachtsmärkte und Randverzierungen lenken uns oft nur von der eigentlichen Botschaft dieses Festes ab, der frohen Botschaft, dass Gott Mensch geworden ist. In der längsten und schwärzesten Nacht des Jahres erscheint am Himmel ein Licht. Engel verkünden: „Heute ist euch der Retter der Welt geboren." Das ist ein Ereignis, das wir nicht nur im

Vorübergehen wahrnehmen. Dies Wort hat die Weltgeschichte verändert. Gott selbst wird einer von uns als armes Kind in der Krippe. „Seht, die Demut Gottes!"

Dieses Buch ist ein Begleiter durch den Advent. Täglich hält es einen Gedanken bereit, um in 24 Schritten den Weg bis zum Weihnachtsfest ganz bewusst zu gehen.

Ich wünsche Ihnen, dass Sie den Advent – die Zeit des Erwartens – neu entdecken!

Ihr
Pater Erich Purk

Advent

1. Dezember

Wünsche

Wort der Schrift

Du hast ihm den Wunsch seines Herzens erfüllt, ihm nicht versagt, was seine Lippen begehrten (Ps 21,3).

Wort im Advent

Nicht die Freude, sondern die Vorfreude ist das Schönste. Wenn ein Wunsch erfüllt ist, verliert er seinen Glanz. Die Vorfreude auf ein Fest, auf eine lang ersehnte Reise, die Vorfreude auf ein Wiedersehen ist besonders schön.

Advent ist die Zeit der Vorfreude. „Was wünschst du dir zu Weihnachten?" Diese Frage wird jetzt besonders oft gestellt. Für den einen ist sie lästig. Der andere freut sich, dass jemand sich Gedanken macht, wie er ihn beschenken kann.

Kinder schreiben ihre Wünsche ungeniert auf einen Wunschzettel für das Christkind. Beim Aufschreiben beschäftigen sie sich intensiv mit ihren Wünschen. Oft hat dann das Christkind ein Problem. Denn Wünsche vermehren sich.

Es ist schon eigenartig – Wilhelm Busch drückt das so aus: „Ein jeder Wunsch, wenn er erfüllt wird, kriegt augenblicklich Junge." Wer im Advent durch die grell erleuchteten Verkaufsstraßen geht, setzt sich den Verlockungen der Werbung aus. Wünsche werden produziert und vervielfältigt.

Jeder trägt einen Wunsch in sich. Viele Wünsche, eine Unendlichkeit von Wünschen. Noch ein Gläschen, noch ein Stück Kuchen, noch einen Kuss. Viele Gesichter sind wie verwundet und spiegeln Unzufriedenheit wieder. In allem, was wir tun und erstreben, sind wir auf „noch mehr" ausgerichtet. Augustinus hat es so benannt: „Unruhig ist unser Herz."

Wenn mich einer nach meinem persönlichen Wunsch für die Adventszeit fragen würde, dann antworte ich mit dem Wort: Zeit. Mehr Zeit für mich, mehr Zeit für andere möchte ich haben.

Es ist schon eigenartig – der Advent sollte eine Zeit der Besinnung sein. Aber kein Monat im Jahr ist so hektisch wie der Dezember.

Manche verschenken zu Weihnachten Zeitgutscheine. „Ich schenke dir einen Abend von meiner Zeit!" Zeit für ein Gespräch, Zeit für einen Theaterbesuch oder ein gutes Essen. Zeit ist ein kostbares Gut geworden.

In allen Lebensbereichen schafft die Technik Erleichterungen und erspart Zeit. Alle Erfindungen bringen letztlich dem Menschen Zeitersparnis. Als das Wagenrad erfunden und die Buchdruckkunst erdacht wurde, waren das für den Menschen zeitsparende Hilfsmittel. Wie sehr hat die Erfindung des Autos unser Leben verändert? Oder die Waschmaschine oder der Computer? Doch was geschieht eigentlich mit uns und mit der gewonnenen Zeit? Was machen wir falsch, dass fast jeder klagt: „Ich habe keine Zeit"?

Hört man auf die Ratschläge und Empfehlungen der Zeitmanager müsste man mit Uhr und Kalender das Problem doch eigentlich lösen können. Doch die zunehmende Beschleunigung wird in allen Bereichen sichtbar und macht uns atemlos. Der Trend in die Pausenlosigkeit lässt sich nicht anhalten, aber in der Zeit kann man anhalten - man kann innehalten. Sich eine „Aus-Zeit" nehmen. Der Advent lädt dazu ein.

Wort in den Tag

Was ich mir für den Advent wünsche? Ich werde einige Zeitgutscheine schreiben und sie in meinen Kalender ganz fest einschreiben. Zeitgutscheine für mich selbst und genauso viele für meine Freunde!

2. Dezember

Zeit der Erwartung

Wort der Schrift

Denn ich, ich kenne meine Pläne, die ich für euch habe – Spruch des Herrn –, Pläne des Heils und nicht des Unheils; denn ich will euch eine Zukunft und eine Hoffnung geben (Jer 29,11).

Wort im Advent

Advent ist die Zeit der Erwartung. Advent – lateinisch „adventus“ – bedeutet Ankunft. Wir warten auf das, was noch kommt. Gott schenkt uns Zukunft und Hoffnung. Eine Zeit des Heils, nicht des Unheils. Die Adventszeit ist ursprünglich für Christen die Zeit der Vorbereitung auf die Ankunft Christi.

Für viele ist Advent allerdings nur die stressige Zeit der Vorbereitung auf das Weihnachtsfest. Die eigentliche Bedeutung liegt tiefer. Eigentlich ist das, worum es im Advent geht, etwas für das ganze Jahr: Wandel und Wechsel. – Dafür sollte ich immer offen sein. Nur wenn ich fähig bleibe, mich ständig zu verändern und zu wandeln, bleibt die Tür in die Zukunft für mich offen. Der Advent ist die Zeit, in der ich meine Bereitschaft und Offenheit überprüfe. Denn ohne die Erfahrung, dass Wandlung immer neu möglich ist, verkümmert unser Leben.

„Change" hieß das Wort, das wir in der vergangenen Zeit oft hörten. Wechsel, Wandel: Das hat zum Beispiel auch Barack Obama versprochen. Um Wechsel geht es auch im Advent. „Der Wechsel ist möglich!", rief Barack Obama den begeisterten Menschen zu. Nach seiner Wahl zum Präsidenten der Vereinigten Staaten war sein erstes Wort: „In diesem Land ist alles möglich." Von einem historischen Ereignis sprachen alle. Der Traum von Martin Luther King war in Erfüllung gegangen. In seiner berühmten Rede „Ich habe einen Traum" sagte er: „Ich träume davon, dass die Söhne der Herren und Knechte an einem Tisch sitzen."

Der Glaube an den Wechsel und ein charismatischer Mensch haben das Unmögliche möglich gemacht. Ein Mann, der vor fünf Jahren ganz unbekannt war, wurde Präsident einer großen Nation. Wieder einmal zeigt sich, welche Dynamik und Kraft der Glaube an eine neue Zukunft in sich birgt. Das Wunderwort „Change" öffnet das Tor in die Zukunft.

Wechsel und Wandlung – die Worte sagen: Es muss nicht so bleiben, wie es ist. Gegen alle Prognosen und

Unheilspropheten kann es anders kommen. Die Erwartung weckt neue Kräfte, wo viele in Lähmung und Depression erstarren.

Es kann immer anders kommen, als man denkt. Jeder hat schon im persönlichen Leben Überraschungen erlebt. An Überraschungen möchte ich glauben können. Und es gibt in meinem Leben viele Gründe, darauf zu vertrauen. Mit welcher Freude habe ich als Kind Tag für Tag das kleine Fenster an meinem Adventskalender geöffnet! Die Spannung wurde immer größer, bis ich am Heiligabend das letzte Fenster öffnete. Und jedes Jahr hatten meine Eltern für mich eine Überraschung unter den Weihnachtsbaum gelegt.

Die größte Überraschung meines Lebens war der Fall der Mauer in Berlin. Das hätte ich nie erwartet. Überraschungen haben mich durchs Leben begleitet. Die großen und die kleinen. Ja, „Change" ist möglich. Ich freue mich auf den Advent.

Wort in den Tag

Warum soll ich nur an die Realitäten und an Tatsachen glauben? Die Zukunft ist ja noch keine Realität. Sie ist offen für Überraschungen. Manchmal kommt es ganz anders, als die Prognosen es prophezeiten.

Der Advent sagt mir, dass Gott bei der Zukunft ein Wort mitredet.

3. Dezember

Der Adventskranz

Wort der Schrift

So spricht Gott, der Herr: Ich selbst nehme ein Stück vom hohen Wipfel der Zeder und pflanze es ein. Einen zarten Zweig aus den obersten Ästen breche ich ab, ich pflanze ihn auf einen hoch aufragenden Berg (Ez 17,22).

Wort im Advent

Der Adventskranz gehört für mich schon seit Kindertagen unbedingt zum Advent dazu. Woche für Woche stecken wir am Adventskranz eine Kerze an. Kann man sich sehnsuchtsvoller einem Fest nähern? „Mache dich auf und werde Licht, denn dein Licht kommt!" Man kann auch mit Kindern singen: „Advent, Advent, ein Lichtlein brennt. Erst eins, dann zwei, dann drei, dann vier, dann steht das Christkind vor der Tür." Solche Lieder wecken in mir viele Erinnerungen und beleben meine Erwartungen.

Vor der Adventszeit hat unsere Mutter einen Kranz aus Tannenzweigen gebunden. Die Zweige durften wir Jungen im Wald schneiden. Auf dem Kranz wurden vier

Kerzen in den vier Himmelsrichtungen angebracht. An jedem Adventssonntag durfte im Wechsel eines der Kinder eine Kerze mehr anstecken. Ursprünglich bedeutet das: Das Licht nimmt zu und mit ihm auch die Erwartung auf die Geburt Jesu Christi, der im christlichen Glauben als „Licht der Welt“ bezeichnet wird.

Man könnte glauben: Den Adventskranz muss es schon immer gegeben haben. Das ist aber gar nicht so. Noch zu Beginn des 20. Jahrhunderts war er in vielen Familien unbekannt. Der evangelische Theologe Johann Wichern benutzte am 1. Advent des Jahres 1838 kranzförmig aufgestellte bunte Wachskerzen zur Andacht. Allmählich hat sich die Sitte des Adventskranzes dann von Norddeutschland aus weiter verbreitet.

Der Adventskranz ist voller Symbolik. Der Kreis steht für die Vollendung, die uns verheißen ist. Das Grün der Zweige weist hin auf die Kraft des Lebens an sich und die Kerzen deuten auf das kommende Licht, das in der Weihnachtsnacht, der längsten aller Nächte, die Welt erleuchtet.

Wenn im Winter alles Leben in Kälte und Frost erstarrt, fällt das Grün mancher Bäume und Sträucher besonders auf. So glaubte man, sich Gesundheit ins Haus zu holen, wenn man sein Heim mit Grünem schmückte. Fichte, Tanne und Buchsbaum, Ilex und Wacholder wurden besondere Kräfte zugesprochen. Der grüne Adventskranz oder nur der grüne Tannenzweig, der die Wohnung schmückt, erinnert offensichtlich daran, dass wir auf die Kräfte des Lebens vertrauen dürfen.

Wort in den Tag

Manchmal verbinde ich mit dem Anzünden der Kerzen eine Bitte. Die vier Kerzen auf dem Adventskranz zeigen in die vier Himmelsrichtungen.

Ich entzünde eine Kerze *gen Norden*, wo die Kälte wohnt. Ich stecke sie an für alle, die unter der Kälte der Herzen leiden. Ich bitte darum, dass wir einander – ohne Missgunst und Hintergedanken – Raum zum Leben geben.

Ich entzünde eine Kerze *gen Süden*, wo die Armut wohnt. Auf der Südhalbkugel unserer Erde herrschen Hunger und Krieg. Ich wünsche mir, dass der reiche Norden seine Güter teilt, dass nicht noch mehr Geld für Waffen ausgegeben wird, sondern dass wir Unrecht und Gewalt bekämpfen, wo immer es uns möglich ist.

Ich entzünde eine Kerze *gen Osten*, wo die Sonne aufgeht. Ich bitte darum, dass keiner in der Finsternis von Verzweiflung und Angst stecken bleibt. Die aufgehende Sonne stärke unseren Lebensmut …

Eine Kerze bleibt noch, um sie *gen Westen* zu entzünden. Diese letzte Kerze soll leuchten für junge Menschen in den Ländern Europas und Amerikas. Ihr Glaube an eine bessere Zukunft möge sie befähigen, an einer gerechteren Welt mitzubauen.

4. Dezember

Der Barbarazweig – Hl. Barbara

Wort der Schrift

Früh wollen wir dann zu den Weinbergen gehen und sehen, ob der Weinstock schon treibt, ob die Rebenblüte sich öffnet, ob die Granatbäume blühen. Dort schenke ich dir meine Liebe (Hld 7,13).

Wort im Advent

Am 4. Dezember feiern wir den Gedenktag der heiligen Barbara, einer Märtyrerin, die von ihrem eigenen Vater den Gerichten ausgeliefert wurde. Die heilige Barbara gilt als Patronin der Bergleute. Sie wird oft mit einem Turm dargestellt. Sie lebte zur Zeit der Christenverfolgung am Ende des 3. Jahrhunderts in Nikomedien (Türkei).

Ihr Vater Dioskorus, ein reicher Kaufmann, hätte sie gerne mit einem angesehenen Heiden verheiratet. Aber Barbara stand zu ihren Überzeugungen. Sie war durch den Theologen Origenes Christin geworden. Der Vater sperrte sie in einem Turm ein. Schließlich lieferte der

Vater seine widerspenstige Tochter dem römischen Stadthalter aus. Sie wurde zum Tode verurteilt. Nach der Legende soll der Vater seine Tochter mit dem Schwert enthauptet haben.

Nach einer alten Tradition schneidet man am Barbaratag einen Zweig von einem Obstbaum, meistens von einem Kirschbaum oder einer Forsythie, und stellt ihn ins Wasser. Am Weihnachtstag soll dieser Barbarazweig dann blühen.

In Niederösterreich erhielt früher jedes Familienmitglied einen eigenen Zweig. Der Barbarazweig sollte ihnen Glück bringen. Beim Schneiden der Zweige hielt man bestimmte Regeln ein. In Böhmen durfte man nur, während die Glocke zum Vespergebet läutete, die Zweige vom Baum schneiden.

Die blühenden Zweige vom Kirschbaum zeigen ganz anschaulich, dass mitten im Winter ein kahler Ast blühen kann. Denn der Lebenswille ist stärker als der Tod. Der Barbarazweig verdeutlicht den Glanz des aufbrechenden Lebens und die Hoffnung, die durch die Menschwerdung des Gottessohnes allen geschenkt wird. Der verlorenen Menschheit wird der „neue Retter, der Heiland der Welt" offenbart.

Ein blühender Kirschzweig im Winter wird zum Symbol für Kreativität und Leben, für Wachstum selbst in Situationen, wo scheinbar der Tod triumphiert. Bäume schenken uns heilige Zeichen, die uns sagen, dass das Leben weitergeht. Wenn wir ihre Botschaft richtig entziffern, dann können wir gegen Kleinmut und Verzagtheit unsere Herzen wieder mit Zuversicht und Hoffnung „rüsten" und uns anstecken lassen von ihrer Lebenskraft.

Wort in den Tag

Wenn das Dunkel mich überfällt, wenn die Zweifel und die Traurigkeit das Herz zusammenpressen, wenn das Leben mir selbst zum Rätsel wird, dann standhalten und verlässliche Bilder gegen die Angst immer wieder anschauen. Am 4. Dezember werde ich mir einen Kirschzweig ins Zimmer stellen. Mal sehen, ob er Weihnachten blüht.

5. Dezember

Die Wurzel Jesse

Wort der Schrift

Aus dem Baumstumpf Isais wächst ein Reis hervor, ein junger Trieb aus seinen Wurzeln bringt Frucht. Der Geist des Herrn lässt sich nieder auf ihm: der Geist der Weisheit und der Einsicht, der Geist des Rates und der Stärke, der Geist der Erkenntnis und der Gottesfurcht (Jes 11,1-2).

Wort im Advent

Jeder kennt das Bild, das uns die Natur vielfältig vor Augen stellt: Ein alter Baumstumpf, fast schon vermodert, treibt einen frischen, grünen Zweig. Welche Lebenskraft steckt in einer alten Wurzel! Das ist die Botschaft des Baumes über Tod und Auferstehung. Bäume sind im Sterben geübt.

Aber so eine alte Wurzel erzählt auch die Geschichte ihres Kampfes. Sie „bäumt“ sich auf gegen den Tod. Aus dem uralten Holz wächst neues Leben. Tod und Auferstehung – das ist der Sieg der uralten Wurzel über den Tod.

Im Buch Ijob ist dies so beschrieben: „Für den Baum besteht noch Hoffnung, ist er gefällt, so treibt er wieder, sein Sprössling bleibt nicht aus. Wenn in der Erde seine Wurzel altert und sein Stumpf im Boden stirbt, vom Dunst des Wassers sprosst er wieder und wie ein Setzling treibt er Zweige“ (Ijob 14,7-9). Ein verlässliches Bild gegen die Angst!

Dieses Bild der uralten Wurzel, die einen neuen Schössling treibt, hat der Prophet Jesaja beschrieben, als keine Hoffnung mehr für sein Volk Israel bestand. „Doch aus dem Baumstumpf Isais wächst ein Reis hervor, ein junger Trieb aus seinen Wurzeln bringt Frucht“ (Jes 11,1).

Der alte Isai – oder Jesse genannt – war der Vater des Königs David. Er ist die Wurzel, aus der das Gottesvolk hervorgeht. Jesus gilt als Spross Isais. In der Kunst wird Jesse manchmal so dargestellt, dass aus dem Leib des betagten Mannes ein Zweig herauswächst und zu einem großen Baum wird. In den vielen Ästen des Jesse-Baumes sind die biblischen Stammväter als Könige dargestellt. In der Krone des Stammbaumes Davids erscheint Maria, die Jesus, den Spross Davids, auf dem Arm trägt. Die Evangelisten nennen Jesus den Sohn Davids. Matthäus und Lukas belegen diese Aussage mit den Stammbäumen am Anfang ihrer Evangelien.

Die Wurzel Jesse trieb ein junges Reis. Jesus ist dieser junge Schössling, wie es das bekannte Weihnachtslied besingt.

Es ist ein Ros entsprungen
aus einer Wurzel zart,
wie uns die Alten sungen,
von Jesse kam die Art …

Das Röslein, das ich meine,
davon Jesaja sagt,
ist Maria, die Reine,
die uns das Blümlein bracht.

Das Bild taugt, es ist ein verlässliches Bild gegen die Angst. Niedergang oder Neuanfang? Resignation oder Hoffnung? Tod oder Auferstehung? Wird verdorrte Hoffnung neue Blüten treiben? Es sind die Wurzeln, die uns am Leben erhalten.

Manchmal lässt Gott uns lange warten. Wenn für den Wurzelstumpf alles zu Ende scheint, wenn überhaupt keine Aussichten und Zukunftsprognosen mehr möglich sind, dann beginnt die Zukunft überraschend neu. Vorher muss viel absterben, damit Neues wachsen kann. Die „ars vivendi" setzt immer die „ars moriendi" voraus. „Wenn das Weizenkorn nicht in die Erde fällt und stirbt, bleibt es allein; wenn es aber stirbt, bringt es reiche Frucht" (Joh 12,24).

Wort in den Tag

Im Advent möchte ich aus der Kraft der Wurzel leben. Ich möchte glauben und neu entdecken, dass das Abgestorbene, Verdorrte in mir neu wachsen kann.

Manchmal müssen wir lange warten. Aber wenn wir erfahren, dass wir aus eigener Kraft nichts mehr vermögen, gerade dann beginnt es manchmal neu zu wachsen.

6. Dezember

Schenken – Hl. Nikolaus

Wort der Schrift

Da rief er (Jesus) ein Kind herbei, stellte es in ihre Mitte und sagte: Amen, das sage ich euch: Wenn ihr nicht umkehrt und wie die Kinder werdet, könnt ihr nicht in das Himmelreich kommen. Wer so klein sein kann wie dieses Kind, der ist im Himmelreich der Größte. Und wer ein solches Kind um meinetwillen aufnimmt, der nimmt mich auf (Mt 18,2-5).

Wort im Advent

Sankt Nikolaus ist ein liebenswürdiger Heiliger. Er stellt die Kinder in die Mitte. Das Kind, das oft zu wenig beachtet ist, steht heute im Mittelpunkt. Die Kinder werden heute beschenkt. Ursprünglich war der Vorabend des Nikolausfestes der Anlass für Geschenke. Erst später begann man in den Familien, sich zu Weihnachten zu beschenken.

Die Volksfrömmigkeit hat seinen Gedenktag mit reichem Brauchtum liebevoll bedacht. Schiffchensetzen nennt man den bekannten Brauch, bei dem Nikolausschiffe aus Papier gebastelt werden, in die Nikolaus seine Gaben legen soll – Hintergrund für diesen Brauch dürfte sein Patronat für Schiffer sein –, auch heute noch findet sich auf vielen Handelsschiffen ein Bildnis von Nikolaus. In den großen Handelsstädten gibt es immer eine Nicolaikirche. Das Nikolausschiffchen wurden später durch Stiefel, Schuhe oder Socken abgelöst, die am Nikolausabend von den Kindern vor die Tür gestellt werden und die über Nacht vom Nikolaus mit Süßigkeiten gefüllt werden.

Ein Kranz von Legenden hat sich mit der liebenswürdigen Gestalt des Bischofs Nikolaus verbunden. Er war Nothelfer, auf dessen Hilfe man in jeder Notlage vertraute. Besonders schön und weit verbreitet ist die Legende, wie Nikolaus drei armen Mädchen zur Mitgift verhalf. Drei goldene Kugeln warf er nachts, als die Mädchen schliefen, heimlich durchs offene Fenster. Sie konnten standesgemäß heiraten und der Vater brauchte seine Töchter nicht in die Prostitution zu verkaufen. Die Art seiner Hilfe beschämte keinen und der Spender blieb unbekannt. Oft wird Nikolaus deshalb mit drei goldenen Kugeln dargestellt.

Die vielen Legenden zeigen die Beliebtheit dieses Heiligen. Eine andere lautet so: Drei Menschen, die zu Unrecht zum Tod verurteilt waren, konnte er retten, indem er im Traum dem Kaiser erschien und um ihre Befreiung bat. Nikolaus zeigt sich an Bord eines Schiffes und rettet drei Pilger aus Seenot. Sie waren von Ephesus ausgefahren, um das für eine christliche Kapelle bestimmte heilige Öl in den heidnischen Diana-Tempel zurückzubringen. Nikolaus stillte den Sturm und brachte das Schiff sicher in den Hafen. Vom 15. Jahrhundert an verbreitete sich die Legende vom Bischof, der den Hunger der Kinder stillte. Nikolaus erbat bei einer Hungersnot in Myra von den Seeleuten auf den Kornschiffen, welche für den Kaiser bestimmt waren, von jedem Schiff nur 100 Scheffel Korn. Er versicherte, dass durch sein Gebet nichts bei der Ablieferung in Rom fehlen werde, was sich bewahrheitete. Nikolaus aber konnte seine Gemeinde auf Jahre hinaus ernähren und sogar Saatgut austeilen. Noch heute essen Kinder und Erwachsene die „Stutenkerle" mit Vergnügen.

Nikolaus wurde um 280 oder 286 in Patara in Lykien in der Türkei geboren und starb zwischen 345 und 351 in Myra. Nikolaus wurde von seinem Onkel im Alter von 19 Jahren zum Priester geweiht und als Abt im Kloster von Sion nahe seiner Heimatstadt eingesetzt. Als seine Eltern an der Pest starben, erbte Nikolaus ihr Vermögen und verteilte es an Arme. Nach dem Tod seines Onkels pilgerte Nikolaus ins Heilige Land. Nach seiner Rückkehr wählte ihn die Gemeinde von Myra zum neuen Bischof.

Im Jahre 325 nahm Nikolaus am 1. Konzil von Nizäa teil. Überliefert ist, wie er kämpferisch gegen die falsche Lehre des Arianismus vorgeht. Die Legende erzählt, dass er deren Verfechter Arius während des Konzils geohrfeigt habe.

Der Kult um Nikolaus entwickelte sich etwa 200 Jahre später, Kaiser Justinian weihte ihm Mitte des 6. Jahrhunderts eine Kirche in Konstantinopel. Über die byzantinische Tradition wurde Nikolaus einer der am meisten verehrten Heiligen Russlands. Er folgt im Osten in der Verehrung unmittelbar nach Maria. Nikolaus wurde einer der beliebtesten Volksheiligen mit vielen legendären Erzählungen, die vor allem seine menschenfreundliche und hilfsbereite Art bezeugen.

In Rom zog der Kult im 8. Jahrhundert ein. Er verbreitete sich dann zunehmend auch in Mitteleuropa. Im April 1087 wurden die Gebeine des Nikolaus von Seeräubern aus Bari aus dem Marmorgrab unter dem Fußboden der Kirche Myra entwendet und nach Bari entführt. Dort errichtete man die monumentale Basilika St. Nicola, die Papst Urban II. im Jahre 1098 weihte. Zwischen dem 11. bis zum 16. Jahrhundert wurden diesseits der Alpen über 2200 Kirchen nach Nikolaus benannt.

Der Weihnachtsmann mit weißem Bart und rotem Gewand und Zipfelmütze ist nicht der heilige Nikolaus. Dieser war Bischof und hat eine Mitra auf. Der Weihnachtsmann geht auf den niederländischen „Sinterklaas“ zurück. Für die weltweite Verbreitung dieses Bildes sorgte um die Jahrhundertwende die Firma Coca Cola, die ihn für Werbung in ihren Firmenfarben benutzte. Die Kommunisten machten aus dem Schutzpatron Russlands „Väterchen Frost“.

Wort in den Tag

Schenken ist eine Kunst. Schenken ist nicht der „Gutschein“, den man einlösen kann.

Kinder beschenken, verlangt Verantwortung und Fantasie. Wenn Nikolaus in der Nacht kommt und seine Gaben in den Stiefel oder in die Socken legt, wird deutlich, dass zum Schenken die Überraschung gehört.

7. Dezember

Licht

Wort der Schrift

Auf, werde licht, denn es kommt dein Licht und die Herrlichkeit des Herrn geht leuchtend auf über dir. Denn siehe, Finsternis bedeckt die Erde und Dunkel die Völker, doch über dir geht leuchtend der Herr auf, seine Herrlichkeit erscheint über dir! (Jes 60,1-2).

Wort im Advent

Wir sind Kinder des Lichtes, nicht der Nacht. Es ist gut, sich im Advent diese Zusage zu merken. Wir sind Kinder des Lichtes, nicht, um alle Tage im Sonnenschein zu wandeln. Aber im Wechseln von Schatten und Licht, von Tag und Nacht, von Gut und Böse tragen wir eine Vision des Lichtes in uns, die stärker ist als die Mächte der Finsternis. Ein Drogenabhängiger sagte: „Da ist ein kleines, fernes Licht, das mir näher kommt und dem ich mich nähere. Das ist es, was mich überleben lässt."

Entdecken wir die kleinen Lichter, die wie Sterne am Horizont unserer Nächte sind. „Mache dich auf und werde Licht, denn dein Licht kommt!“, heißt es in einem bekannten Lied.

Dieses Prophetenwort hat das Volk in der Babylonischen Gefangenschaft in eine neue Zukunft geführt: „Auf, werde licht, denn es kommt dein Licht und die Herrlichkeit des Herrn geht leuchtend auf über dir. Denn siehe, Finsternis bedeckt die Erde und Dunkel die Völker, doch über dir geht leuchtend der Herr auf, seine Herrlichkeit erscheint über dir!“ (Jes 60,1-2). Wenn Verzweiflung und Not sich wie ein Schatten über alles legt, leuchtet am Horizont der Stern der Hoffnung auf!

Kennen Sie das Experiment mit der Pflanze im Dunkeln? Über ein junges Pflänzchen stülpte man einen schwarzen Plastikeimer. Sehr bald wurden die Blätter schlaff und gelb. Dann bohrte man in den Plastikeimer seitlich ein Loch. Die Pflanze fing in aller Eile an, auf das Licht hinzuwachsen. Mit völlig verkrümmtem Wuchs erreichte sie das kleine Licht, sie konnte weiterleben.

Alles Leben strebt dem Licht zu. Ohne Licht ist Leben nicht möglich. Wenn Menschen auf der Schattenseite des Lebens stehen oder in den Schatten gestellt werden, verkümmern sie. Durch Licht werden auch die Schatten unserer Seele vertrieben.

Man hat schon viel über die Volkskrankheit „Depression“ geschrieben. Bei Depressionen bekommt man heute die Lichttherapie empfohlen. Der Kranke erleuchtet sein Haus mit hellem Licht oder sucht eine Landschaft auf, wo oft die Sonne scheint.

Es gibt Leute, die sehen nur schwarz: die Finanzkrise mit all ihren Konsequenzen, die Staatsverschuldung und die Enttäuschungen über den schleppenden Fortschritt im Klimaschutz. Es gibt zu viele, die sehen nur schwarz.

Sie übersehen, dass die Nacht einen neuen Morgen hervorbringen wird. „Die Mitte der Nacht ist der Anfang des Tages, die Mitte der Not ist der Anfang des Lichtes", sagt ein altes Sprichwort. Liegt in der Dunkelheit die Geburtsstunde des Lichtes? Seit Menschengedenken kehrt das Licht am Morgen zurück. Ist dieses Wissen wichtig, um die Dunkelheit furchtlos zu bestehen? Die Dämmerung wird die Nacht vertreiben und ganz sicher den neuen Tag gebären.

Vielleicht nistet auch heute das größere Licht im Dunkeln der Welt. Diese Welt voller Terror und Verrat, voller Gewalt und Unterdrückung zeigt den verzweifelten Einsatz von Menschen, die alles riskieren: Die Wunden der Zerschlagenen verbinden sie. Die Verängstigten bergen sie in ihren Armen. Den Schuldigen begegnen sie mit Worten der Versöhnung und Liebe.

Wo Schatten ist, ist auch Licht. Die finstersten Nächte lassen die Sterne besonders hell leuchten.

Wort in den Tag

Auch wenn im Advent die Nächte lang und die Tage oft dunkel sind, höre ich gern die Melodie und die Worte dazu:

„Mache dich auf und werde Licht! Denn dein Licht kommt …"

8. Dezember

Das goldene Haus – Immaculata

Wort der Schrift

Im sechsten Monat wurde der Engel Gabriel von Gott in eine Stadt in Galiläa namens Nazaret zu einer Jungfrau gesandt. Sie war mit einem Mann namens Josef verlobt, der aus dem Haus David stammte. Der Name der Jungfrau war Maria.

Der Engel trat bei ihr ein und sagte: Sei gegrüßt, du Begnadete, der Herr ist mit dir. Sie erschrak über die Anrede und überlegte, was dieser Gruß zu bedeuten habe. Da sagte der Engel zu ihr: Fürchte dich nicht, Maria; denn du hast bei Gott Gnade gefunden. Du wirst ein Kind empfangen, einen Sohn wirst du gebären: dem sollst du den Namen Jesus geben. Er wird groß sein und Sohn des Höchsten genannt werden. Gott, der Herr, wird ihm den Thron seines Vaters David geben. Er wird über das Haus Jakob in Ewigkeit herrschen und seine Herrschaft wird kein Ende haben.

Maria sagte zu dem Engel: Wie soll das geschehen, da ich keinen Mann erkenne? Der Engel antwortete ihr: Der Heilige Geist wird über dich kommen, und die Kraft des Höchsten wird dich überschatten. Deshalb wird auch das Kind heilig und Sohn Gottes genannt werden. Auch Elisabet, deine Verwandte, hat noch in ihrem Alter einen Sohn empfangen; obwohl sie als unfruchtbar galt, ist sie jetzt schon im sechsten Monat. Denn für Gott ist nichts unmöglich.

Da sagte Maria: Ich bin die Magd des Herrn; mir geschehe, wie du es gesagt hast (Lk 1,26-38).

Wort im Advent

Das Heil macht sich abhängig von der Zustimmung einer Frau. Es nimmt seinen Weg durch ihren Schoß. Dies ist die wunderbare Geschichte von der Ankunft Gottes. „Das Wort ist Fleisch geworden", weil eine Frau niederkniet vor der Botschaft des Engels. In der Freiheit ihres Herzens spricht sie mit der ganzen Hingabe ihres Wesens: „Mir geschehe nach deinem Wort." Das ist die Grundmelodie ihres Lebens.

Darum wird seit Beginn christlicher Verkündigung von Maria gesprochen, um die Botschaft von Gottes Eingang in unsere Geschichte zu verdeutlichen. Das Geheimnis der Menschwerdung, welches wir Weihnachten feiern, ist so groß, dass wir auch von der Frau immer wieder sprechen, die durch ihr Jawort die Geburt des Erlösers ermöglicht hat.

Wenn Gott Mensch wird, muss der Ort heilig sein und das Haus aus reinem Gold (Lauretanische Litanei) und die Frau ohne Makel sein. So denken wir Menschen. Dass Gott aber die unbekannte, niedrige Magd aus Nazaret wählte und einen Stall als Ort seiner Geburt, macht die Ankunft Gottes in unserer Geschichte noch wunderbarer.

Das Fest am heutigen Tag, die Unbefleckte Empfängnis Mariens, ist wie ein kostbarer Edelstein, den man in der Perlenkette der Gottesmutter im 18. Jahrhundert einfügte. Theologen wetteifern mit den Künstlern. In der Person Marias haben Maler und Dichter den Widerschein der Gnade nachzuformen versucht. Denn es gibt Unschuld, wie es Schuld gibt. Und es existiert das Verlangen, die Unschuld zu preisen. Die Bilder Mariens sind wie Ausrufezeichen der Freude, wie Urkunden der Zärtlichkeit Gottes mit den Menschen, wie Testamente der Unschuld, wie Monstranzen grenzenloser Zuneigung Gottes zu seinen Geschöpfen.

Das Marienlob – diese gemalte, geschnitzte, in Stein geschlagene, gesungene und geschriebene Begeisterung – währt nun schon mehr als 2000 Jahre. Ihr Magnifikat, ihr Lob durch alle Völker und Generationen, wird kein Schreibverbot und kein Zynismus verstummen lassen.

Mit dem 8. Dezember beginnt nach altem Brauchtum die Saison der Weihnachtsbäckerei. Kekse und Früchtebrote, Vanillekipferl und Rumkugeln sollten bis zum 12. Dezember fertig sein. Danach sollten die Hausfrauen bis zur Weihnacht nichts mehr backen. Altes Brauchtum bewahrte die Familien vor dem Weihnachtsstress!

Wort in den Tag

Paul Claudel hat sich in Paris in der Kathedrale „Notre Dame" zum christlichen Glauben bekehrt. Immer wieder kam er zurück und verweilte vor dem Bild der Gottesmutter:

„Ich komme nicht, um zu beten. Ich habe dir weder Gabe noch Bitte anzuvertrauen. Ich komme nur, Mutter, dich anzuschauen … Nichts sagen, dir ins Angesicht sehen, des Herzens eigene Sprache verstehen …. Nichts sagen, nur singen, weil du schön bist, voll der Gnaden. Die Kreatur in ihrer ersten Ehre und in ihrer letzten Gestaltung, wie sie aus Gott hervorging am strahlenden Morgen seiner frühesten Entfaltung. Weil du die Frau bist, der Garten alter, vergessener Zärtlichkeit, dessen Blick zu Herzen dringt und die aufgestauten Tränen befreit. Weil der heutige Tag dein ist. Bloß, weil du, Maria, da bist. Sei bedankt, o Mutter unseres Herrn Jesu Christ!"

9. Dezember

Dornen – Maria und Elisabet

Wort der Schrift

Nach einigen Tagen machte sich Maria auf den Weg und eilte in eine Stadt im Bergland von Judäa. Sie ging in das Haus des Zacharias und begrüßte Elisabet.

Als Elisabet den Gruß Marias hörte, hüpfte das Kind in ihrem Leib. Da wurde Elisabet vom Heiligen Geist erfüllt und rief mit lauter Stimme: Gesegnet bist du mehr als alle anderen Frauen und gesegnet ist die Frucht deines Leibes (Lk 1,39-42).

Wort im Advent

In den Advent gehören Maria und Elisabet. Sie erwarten, wie alle Frauen in Israel, den Messias, den Retter der Welt. Sie haben voll Sehnsucht die heiligen Schriften studiert: Wann wird er kommen, der Israel befreien wird? Zwei Frauen sind die Ersten, die um die Erfüllung der alten Verheißung wissen. „Vom Heiligen Geist erfüllt", jubeln ihre Herzen.

Der Engel war fort, der Maria verkündete, dass sie zur Mutter des Herrn erwählt ist. Nun ist sie mutterseelenallein mit ihrem Geheimnis. Auf das Wort des Engels hin hatte sie alles aufs Spiel gesetzt. Denn diese Schwangerschaft kann sie Kopf und Kragen kosten. Nach jüdischem Recht hätte sie gesteinigt werden können.

Zu wem soll sie gehen, sich aussprechen, ihre Fragen und Nöte besprechen? „Wenige Tage später", heißt es im Evangelium, bricht sie auf, macht sich auf den Weg, eilt über das Gebirge, nimmt alle Gefahren und Mühen auf sich. 110 Kilometer – ein Weg der Erwartung – ihr Advent. Ein Weg wie durch einen Dornwald. Ihre seelischen Nöte sind wie Dornen. Aber ihr Herz weiß um das Geheimnis. Da haben die Dornen Rosen getragen.

Sie weiß eine gute Adresse – ihr Ziel ist ihre Verwandte Elisabet. Auch die kann das Wunder nicht fassen, so Wunderbares ist ihr in ihrem Alter geschehen – die Unfruchtbare ist voller Hoffnung. Ihrem Mann, dem Zacharias, hat es die Stimme verschlagen.

Dann die Begegnung: Elisabet läuft Maria entgegen. Mit lauter Stimme, singend begrüßt sie den Gast, wie es in Israel üblich war: „Gesegnet bist du mehr als alle anderem Frauen und gesegnet ist die Frucht deines Leibes. Wer bin ich, dass die Mutter meines Herrn zu mir kommt?" Die Ältere neigt sich vor der Jüngeren. Was Generationen erwartet haben, erfüllt sich in der Begrüßung und Umarmung dieser beiden Frauen.

Wort in den Tag

Der Weg Mariens durch den Advent wird in Liedern besungen. Besonders schön beschreibt die Freude der ganzen Schöpfung über das Wunder der Inkarnation das Adventslied „Maria durch ein Dornwald ging“:

Maria durch ein' Dornwald ging.
Kyrieleison!
Maria durch ein' Dornwald ging,
Der hatte in sieben Jahr'n kein Laub getragen!
Jesus und Maria.

Was trug Maria unter ihrem Herzen?
Kyrieleison!
Ein kleines Kindlein ohne Schmerzen,
das trug Maria unter ihrem Herzen!
Jesus und Maria.

Da hab'n die Dornen Rosen getragen.
Kyrieleison!
Als das Kindlein durch den Wald getragen,
da haben die Dornen Rosen getragen!
Jesus und Maria.

10. Dezember

Träume

Wort der Schrift

Wir rühmen uns ebenso unserer Bedrängnis; denn wir wissen: Bedrängnis bewirkt Geduld, Geduld aber Bewährung, Bewährung Hoffnung. Die Hoffnung aber lässt nicht zugrunde gehen; denn die Liebe Gottes ist ausgegossen in unsere Herzen durch den Heiligen Geist, der uns gegeben ist (Röm 5,3-5).

Wort im Advent

Zu oft erleben wir, dass unsere Träume zerbrechen. Als ich jung war, baute ich Traumschlösser: der Traum vom großen Glück. Der Traum vom Erfolg und der großen Karriere. Traumhaft schöne Reisen – was ist aus diesen Träumen geworden?

Ich schaue zurück: Alles hat sich nicht erfüllt. So manche meiner Träume waren eben doch nur Schäume, sind zerbrochen. Die Wirklichkeit ernüchtert jeden. Aber zerbrochene Träume gehören zum Lebensweg.

Zerbrochene Träume: Er fand Erfüllung in seinem Beruf. Seine Aufstiegschancen waren gut. Seine Familie war stolz auf ihn. Dann der Zusammenbruch der Firma. Der Arbeitsplatz wurde einfach wegrationalisiert. Aus der Traum!

Zerbrochene Träume: Sie rackerten sich beide ein Leben lang ab, waren für ihre Kinder da. Ihre Kinder sollten es einmal besser haben. Aber die Kinder geraten anders, als sie sich das vorgestellt haben. Aus der Traum!

Zerbrochene Träume: Sie freuten sich darauf, nach der Pensionierung mehr Zeit für sich zu haben. Sie haben dafür gespart. Doch dann kommt die Krankheit. Oder der Partner stirbt plötzlich. Sie sitzen allein in den vier Wänden. Wieder: Aus der Traum!

Wie können wir leben mit unseren zerbrochenen Träumen? Gibt es eine Hoffnung gegen alle Hoffnung, von der der Apostel Paulus spricht (Röm 4,18)? Eine Hoffnung, die trotz aller Enttäuschungen wieder neu anfängt? „Die Hoffnung aber lässt uns nicht zugrunde gehen“, sagt Paulus (Röm 5,5).

Es gibt solche „Dennoch-Menschen“. Mir ist das einmal anschaulich bei einem Rollenspiel klar geworden. „Ich pflanze einen Baum“, sprach eine der Frauen und setzte einen Baum in die Erde. Andere kamen hinzu, schüttelten den Kopf und sagten: „Welch ein Unsinn, einen Baum zu pflanzen! Du machst dir doch nur Arbeit und Sorgen. Und dabei weißt du gar nicht, ob er wirklich wächst. Sei nicht so dumm und mach dir nicht die viele Arbeit!"

„Ich pflanze meinen Baum", sprach die Pflanzerin unbeirrt. Wieder erhoben sich die Stimmen: „Du hast doch nichts davon. Bevor der Baum Früchte bringt, bist du längst alt oder gar schon gestorben. Was willst du dich für andere quälen?"

„Ich pflanze heute meinen Baum", sprach die Frau. Die Einreden verstummten nicht. „Weißt du denn, ob in Zukunft überhaupt noch Bäume wachsen können? Denk an das Baumsterben und an die Luftverschmutzung. Kann man es heute noch verantworten, einen Baum zu pflanzen?"

„Ich pflanze dennoch heute meinen Baum!" Bei diesen Worten bekam die Frau von den Versammelten großen Beifall. Sie hatten verstanden, dass hier ein Zeichen der Hoffnung gesetzt wurde.

Es braucht Menschen, die trotzdem und dennoch auf die Zukunft setzen. Das sind für mich Menschen des Advents. Martin Luther hat dies in seinem Wort, das so oft zitiert wird, zusammengefasst: „Wenn morgen die Welt unterginge, würde ich heute noch ein Apfelbäumchen pflanzen."

Wort in den Tag

Wenn ich vor einer schwierigen Aufgabe stehe oder wenn mir eine aussichtslose Situation Angst eintreibt, dann zitiere ich ein Psalmwort:

„Mit meinem Gott überspringe ich Mauern!“ (Ps 18,30).

11. Dezember

Visionen

Wort der Schrift

Ohne Visionen (prophetische Offenbarung) verwildert das Volk; wohl ihm, wenn es die Lehre bewahrt (Spr 29,18).

Wort im Advent

„Die Zukunft beeinflusst die Gegenwart genauso wie die Vergangenheit." Dieser Satz stammt von Friedrich Nietzsche.

Auf den ersten Blick scheint diese Aussage jedem Kausalprinzip zu widersprechen: Wie kann die Gegenwart auf etwas reagieren, was noch gar nicht geschehen ist? Dennoch ist der Antrieb für menschliches Handeln bestimmt von Erwartungen, Hoffnungen und Visionen. Auch die Angst vor der Zukunft beeinflusst unsere Entscheidungen. Die inneren Bilder, die wir von der Zukunft haben, bestimmen unser Denken und Handeln.

„Wo es keine Visionen gibt, geht das Volk zugrunde", heißt es im Buch der Sprüche. Es ist schlimm, wenn ein Volk keine Aussichten für die Zukunft mehr sieht. Visionen und prophetische Offenbarung sind Kräfte, die uns hoffen lassen „gegen alle Hoffnung", wie der Apostel Paulus schreibt. Visionen ermutigen uns zum „trotzigen Dennoch". Hoffnungen und Visionen sind die Geschwister der Sehnsucht. Wenn wir von Visionen sprechen, meinen wir nicht die Privatoffenbarungen Einzelner. Wir meinen nicht die Fantasien und Gesichte kranker Menschen.

Was aber ist eine Vision? Vision leitet sich aus dem lateinischen „videre" ab und bedeutet „sehen". Ein zukünftiger Zustand wird bereits geschaut und in unserer Vorstellung erschaffen. Visionen entwerfen Bilder, beschreiben Ziele, die sich Menschen erhoffen, um ihre Zukunft neu zu gestalten. Bei einer Konferenz weltweiter Konzerne fragte man: „Was braucht ein Unternehmen, um Zukunft zu haben?" Kapital und Innovation? Die Antwort lautete: „Visionen!" Menschen setzen sich immer wieder zusammen, entwerfen Pläne, formulieren Ziele, beschreiben mögliche Wege. So wird Zukunft visionär geschaut.

Visionäre Bilder werden aus der Sehnsucht geboren. Immer gibt es Wege, diese zu verwirklichen. „Wenn du ein Schiff bauen willst, dann versuch nicht zuerst eine Mannschaft zusammenzutrommeln, Holz und Material, Hammer und Nägel zu beschaffen. Wenn du ein Schiff bauen willst, musst du in den Herzen der Menschen die Sehnsucht nach dem weiten Meer wecken" (nach Antoine de Saint-Exupéry).

Eine Vision ist Quelle neuer Dynamik und neuer Aufbruchstimmung. Visionen im biblischen Sinn sind mehr als klug erdachte Pläne der Menschen. Sie sind auch mehr als unternehmerische Träume, beispielsweise in einem Jahr Marktführer der Branche zu sein. Visionen kommen aus der Tiefe einer geistigen Mitte. Sie sind das Einfallstor Gottes für uns Menschen.

In Krisenzeiten und turbulenten Phasen sind Visionen unentbehrlich. Sie sind wie ein Leitstern in der Dunkelheit, wie ein Kompass, der die Fahrtrichtung klärt. In Umbruchzeiten wird oft das Fehlen von Visionen schmerzhaft vermisst. Die Resignation bestimmt dann alles. „Null Bock!", heißt das heute.

Zwischen den Alternativen Hoffnung und Resignation bewegt sich unser Leben. Eine Grunderfahrung ist die innere Müdigkeit und Lähmung. Die Alternative zur Resignation heißt Vision.

Wort in den Tag

Resigniere ich leicht? Oder kenne ich dieses „trotzige Dennoch" – „Hoffen gegen alle Hoffnung"? Das Wort von Paul M. Zulehner soll mich begleiten:

„Die einzig wirksame Gegenkraft gegen Resignation ist die Vision."

12. Dezember

Frieden – Der Prophet Jesaja

Wort der Schrift

Dann wohnt der Wolf beim Lamm, der Panther liegt beim Böcklein. Kalb und Löwe weiden zusammen, ein kleiner Knabe kann sie hüten. Kuh und Bärin freunden sich an, ihre Jungen liegen beieinander. Der Löwe frisst Stroh wie das Rind. Der Säugling spielt vor dem Schlupfloch der Natter, das Kind streckt seine Hand in die Höhle der Schlange. Man tut nichts Böses mehr und begeht kein Verbrechen auf meinem ganzen heiligen Berg; denn das Land ist erfüllt von der Erkenntnis des Herrn (Jes 11,6-9).

Wort im Advent

„Da hat wohl jemand von einer anderen Welt geträumt?", sagte mein Begleiter. Wir standen in einem Kurpark vor einer Figurengruppe aus Bronze. Wolf und Lamm tanzen miteinander. Mein Begleiter schüttelte den Kopf: „In unseren Landen frisst der Wolf das Lamm. Der Schwache wird vom Starken unterdrückt. Der Künstler muss ein Träumer sein."

Aber mir kam der Gedanke: Gibt es solch ein Bild nicht in der Bibel? Da, wo der Prophet von der Vision des Friedens erzählt?" Daheim nahm ich gleich die Bibel zur Hand und fand die Stelle beim Propheten Jesaja, Kapitel 11:

„Dann wohnt der Wolf beim Lamm, der Panther liegt beim Böcklein. Kalb und Löwe weiden zusammen, ein kleiner Knabe kann sie hüten" (Jes 11,6). So beschreibt der Prophet Jesaja das neue Zeitalter des Friedens, das Gott schaffen wird.

Ein faszinierendes Bild! Auch den Künstler Bernhard Kleinhans hat es wohl beschäftigt. Und er hat sein eigenes Bild daraus entwickelt. Er schuf die Figurengruppe aus Bronze, die im Kurpark zu Bad Waldliesborn steht. Leicht und fast ausgelassen tanzen Wolf und Lamm den Reigen des Friedens. Der neue Äon hat seinen ersten Tag.

Auch an Weihnachten spielt die Vision vom Frieden eine große Rolle: „Friede auf Erden" – so singen die Engel. Die Vision der Heiligen Nacht, „Friede auf Erden", wird in dem Bild sichtbar. Hass und Feindschaft, Gewalt und Unterdrückung sind überwunden. Zum Fest des Friedens beginnt die ganze Schöpfung zu tanzen.

Die inneren Bilder der Hoffnung sind die Bausteine, um eine neue Welt zu schaffen. In Krisenzeiten und turbulenten Phasen sind Visionen unentbehrlich. Pioniere erforschten das Land jenseits des Sichtbaren und Bekannten. Sie schrieben die Landkarten, die uns die zukünftige Reise ermöglichen. Auch Kolumbus hatte eine Vision, dass jenseits von „terra finistra“, dem Ende der Welt an der spanischen Küste, neues Land zu entdecken ist.

Im Advent wird die Vision des Propheten Jesaja auch in Gottesdiensten öfters vorgelesen. Sie sollen sich tief einprägen. Sie halten eine Sehnsucht wach. Es heißt im Buch des Propheten Jesaja im Kapitel 65,25 noch einmal: „Wolf und Lamm weiden zusammen, der Löwe frisst Stroh wie das Rind ... Man tut nichts Böses mehr und begeht kein Verbrechen auf meinem ganzen heiligen Berg, spricht der Herr.“

Wort in den Tag

„Visionen brauchen Fahrpläne“, schreibt Ernst Bloch. Das heißt: Wir müssen uns um Frieden und Versöhnung bemühen. Wenn wir Friedensstifter sind, wo immer wir leben, dann hat die Zukunft schon begonnen!

13. Dezember

Blühende Wüste

Wort der Schrift

Die Wüste und das trockene Land sollen sich freuen, die Steppe soll jubeln und blühen ... Man wird die Herrlichkeit des Herrn sehen, die Pracht unseres Gottes.

Macht die erschlafften Hände wieder stark und die wankenden Knie wieder fest! Sagt den Verzagten: Habt Mut, fürchtet euch nicht! (Jes 35,1-4).

Wort im Advent

Die blühende Wüste ist ein Bild voller Kraft und Verheißung. Wer eine blühende Wüste erlebt, ist tief beeindruckt. Monate-, manchmal jahrelang verbranntes, trockenes Land – dann der Regen, und in ganz kurzer Frist verwandelt sich die Einöde in einen blühenden Garten.

Die Wüste ist schön, auch wenn sie baumlos und braun und verdorrt ist, weil in ihr die Verheißung beschlossen liegt. Die Wüste ist schön, weil sie blühen wird. Nachdem der Winterregen die Wadis in reißende Ströme verwandelt und die Nomaden aus den Tälern auf die Höhen hinaufgejagt hat, verwandelt sich alles. Man kann dieses schnelle Geschehen, das die Saat in der dürstenden Erde zu grünen Teppichen anschwellen lässt, nicht begreifen. Man kann nur staunen über diese plötzliche, niemals zu fassende Fruchtbarkeit, das Wunder, an das zu glauben einem immer schwerfällt und das sich in jedem Jahr wiederholt.

Im Babylonischen Exil waren für Israel alle Hoffnungen zerstört. Jerusalem lag in Asche, das Volk war in der Verbannung zerstreut. Da weckt der Prophet Jesaja ihre Lebenskräfte mit einem Bild: „Sprecht zu den Verzagten, seid stark, fürchtet euch nicht! Seht da, was Gott vermag!" Er kann aus der Wüste einen blühenden Garten machen. Die Öde und Steppe blühen üppig. Begreift doch, was Gott vermag! Wenn Gott mit euch ist, habt ihr Zukunft. „Stärkt die schlaffen Hände, festigt die schlotternden Knie!" Anschaulicher kann man eine Predigt nicht halten. Die Verängstigten und Gebeugten richtet der Prophet auf: „Habt Mut, fürchtet euch nicht!" (Jes 35,4).

Im Advent singen wir die Worte der Zuversicht in Adventsliedern: „Aus Gestein und Wüstensand werden frische Wasser fließen; Quellen tränken dürres Land, überreich die Saaten sprießen" (GL 106).

Wort in den Tag

Manchmal wird man sehr empfänglich für verlässliche Bilder gegen die Angst und für Worte der Zuversicht. Wenn wir eine Zeit der Wüstenwanderung erleben, dann halten wir Ausschau. Das ist eine Erfahrung, die viele gemacht haben: Je dunkler es wird, umso deutlicher schenkt Gott uns ein Licht, das uns den Weg weist. Die Sterne erscheinen am Horizont der Nacht. Je dunkler es wird, umso heller leuchten sie. Die Blumen, die in der Wüste wachsen, leuchten besonders farbenfroh. In innerer Trostlosigkeit und Verlassenheit erfahren wir die Nähe eines lieben Menschen besonders intensiv.

14. Dezember

Ruf aus der Wüste – Johannes der Täufer

Wort der Schrift

Eine Stimme ruft in der Wüste: Bereitet dem Herrn den Weg! Ebnet ihm die Straßen!

So trat Johannes der Täufer in der Wüste auf und verkündigte Umkehr und Taufe zur Vergebung der Sünden. Ganz Judäa und alle Einwohner Jerusalems zogen zu ihm hinaus (Mk 1,3-5).

Wort im Advent

Johannes ruft die Menschen aus der Stadt in die Wüste. Nicht der Marktplatz, sondern die Einsamkeit der Wüste ist der Ort der Verwandlung. Die eigentlich kontemplative Landschaft, wo Gott zum Menschen spricht, ist die Einöde. Wenn alle Ablenkungen weichen und aller Lärm verstummt, hört man die leisen Klopfzeichen, mit denen Gott sich in unserem Leben bemerkbar macht.

Die Menschen in Jerusalem hörten die Stimme aus der Wüste: „Bereitet den Weg des Herrn!" Sie durchquerten die Wüste Juda und gingen zum Jordan hinunter, wo Johannes taufte. Sie nahmen diese Wüstenwanderung auf sich, in der Hoffnung, dass sich in den Durststrecken ihres eigenen Lebens neue Quellen erschließen. Sie waren wie Dürstende, die in der Trockenheit die Oase herbeisehnten. Sie hielten Ausschau nach den Quellen, aus denen sie schöpfen konnten.

Sie entdeckten die Wüste auch in ihrem eigenen Leben. Die Leere und Sinnlosigkeit und ihr Durst nach Erfüllung und Liebe. Die Einsamkeit und ihre Sehnsucht nach Begegnung. Sie hielten Ausschau nach Gott.

In der Leere und Lautlosigkeit der Wüste wird man selbst leer und lautlos. Alles Versteckspiel vor sich selbst und vor den anderen trägt nicht mehr. Rollen und Masken fallen. In der Armut der Wüste wird man selbst arm. Die brennende Hitze zeigt, wie ausgedörrt das eigene Selbst ist. Die ausgemergelte Landschaft wird zum Bild des eigenen Ich. Aus dieser Wüstenerfahrung formulierte das Volk Israel seine Gebete. Beim Psalm 63 kann es jeder heraushören: „Gott, du mein Gott, dich suche ich, meine Seele dürstet nach dir. Nach dir schmachtet mein Leib wie dürres, lechzendes Land ohne Wasser. Darum halte ich Ausschau nach dir …" (Ps 63,2f.).

Das Stück Wüste gehört dazu. Der Marktplatz allein macht unser Leben banal und oberflächlich. „Nur wer in der Wüste daheim ist, hat auf dem Marktplatz etwas anzubieten“, sagt ein Sprichwort. Die Beduinen sagen: „Wer aus der Wüste kommt, darf reden.“ Brauchen wir Stille und Bedenkzeit, damit unsere Worte noch Inhalt haben? Müssen die Stunden der Einsamkeit mit denen der Gemeinsamkeit in einem bestimmten Verhältnis stehen, damit die Gehalte nicht zerredet werden?

In der Einöde und in den unendlichen Weiten der Wüste herrschen intensivere menschliche Beziehungen als in manchen vollgepfropften Hochhäusern unserer dicht bevölkerten Großstädte, in denen keiner den anderen kennt. Auf den Straßen hasten wir aneinander vorbei und grüßen keinen mehr.

In der Wüste ist es selbstverständlich, dass man Halt macht, wenn man einem Menschen begegnet. Man grüßt einander, erkundigt sich nach dem Woher und Wohin, fragt, ob der andere etwas braucht, ob man helfen kann. Vor der Riesenkulisse der lebensfeindlichen Wüste gilt der Mensch noch etwas. In der Einöde tritt der Mensch nicht als namenloser Teil einer anonymen Masse auf, sondern als der unverwechselbare Einzelne. Die Begegnung mit ihm ist kostbar. Nach tagelangen Fahrten durch menschenleere Gegenden erscheint die Begegnung wie ein Wunder. Hier tut sich Tieferes kund. Wahre menschliche Begegnung gelingt nur im Raum des Schweigens und der Stille.

Freundschaften werden in der Wüste geschlossen – Freundschaften zwischen Menschen, aber auch Freundschaft mit Gott. So geschieht das Paradoxe: Gerade die Einöde wird zum Ort der Kommunikation, die Leere zum Ort der Begegnung, das Schweigen zum neuen Dialog.

Wort in den Tag

Wüste ist nicht nur ein geografischer Ort, sondern Wüste sind die Minuten, wo du dich besinnst.

Schließe die Augen, atme tief durch! – Schaff dir eine „Wüste" in deiner Stadt, eine Ecke in deinem Haus, einen Platz in deinem Garten! Bring ein Stück Wüste in dein Leben:

„Nur wer in der Wüste daheim ist, hat auf dem Marktplatz etwas anzubieten."

15. Dezember

Wegweiser

Wort der Schrift

Es trat ein Mensch auf, der von Gott gesandt war; sein Name war Johannes. Er kam als Zeuge, um Zeugnis abzulegen für das Licht, damit alle durch ihn zum Glauben kommen. Er war nicht selbst das Licht, er sollte nur Zeugnis ablegen für das Licht (Joh 1,6-8).

Wort im Advent

Im Advent ist Johannes der Täufer unser Wegbegleiter. „Nach mir kommt einer, der ist größer als ich“, sagt Johannes. Wer nicht nur ICH, sondern DU sagen kann, der hat seine Verlustangst überwunden. Bei Johannes entdecke ich diese Freiheit. Er bereitet den Weg des Herrn und geht voraus. Er ist nicht wie ein Wegweiser, der den Weg selber nicht geht, der am Straßenrand steht, die Fahrtrichtung anzeigt, doch selbst keinen Schritt tut. Der gute Weggefährte kennt nicht nur die Richtung und lässt andere marschieren. Er geht selbst voran. Er fordert nichts, was er nicht ausprobiert hat. Johannes ist

Vorläufer, der den Weg selbst auch geht. So wird aus einem Wegweiser ein Wegbegleiter.

„Nach mir kommt einer, der ist größer als ich", sagt Johannes. Von sich weg weist er auf einen anderen. Er stellt sich nicht in den Mittelpunkt, bindet andere nicht an seine Person. Im Lukasevangelium heißt es: „Das Volk war voll Erwartung und alle überlegten im Stillen, ob Johannes nicht vielleicht selbst der Messias sei. Doch Johannes gab ihnen allen zur Antwort: Ich taufe euch nur mit Wasser. Es kommt aber einer, der stärker ist als ich, und ich bin es nicht wert, ihm die Schuhe aufzuschnüren. Er wird euch mit dem Heiligen Geist und mit Feuer taufen" (Lk 3,15-16).

Wege sind beschwerlich und lang, oft dunkel und verschwommen. Kommt ein Wegbegleiter hinzu, fällt die Spurensuche leichter. Alle Wege, die Freunde miteinander gehen, führen immer über Zeit und Raum hinaus. Sie führen ins Licht, von dem Johannes Zeugnis ablegt. „Er kam als Zeuge, um Zeugnis abzulegen für das Licht, damit alle durch ihn zum Glauben kommen" (Joh 1,7).

Wort in den Tag

Es macht Sinn, einige Minuten nachzudenken, welche Wegweiser und Wegbegleiter mein Leben beeinflusst haben: An Eltern und Lehrer, an gute Freunde erinnere ich mich. An einige denke ich voller Dankbarkeit zurück.

Bei anderen empfinde ich Trauer oder Zorn. Den bitteren Geschmack der Vorwürfe bekomme ich nicht los.

Das Wort ist wahr: „Die Nähe eines Menschen kann gut und böse machen. Die Nähe eines Menschen kann gesund und krank machen“ (Wilhelm Willms).

16. Dezember

Sterndeuter

Wort der Schrift

Als Jesus zur Zeit des Königs Herodes in Betlehem in Judäa geboren worden war, kamen Sterndeuter aus dem Osten nach Jerusalem und fragten: Wo ist der neugeborene König der Juden? Wir haben seinen Stern aufgehen sehen und sind gekommen, um ihm zu huldigen (Mt 2,1-2).

Wort im Advent

Die Geschichte der Weisen aus dem Morgenland oder der „Drei Könige", wie wir sagen, ist für mich eine beispielhafte Erzählung über Gottsucher. Ihre Füße liefen nach Betlehem, ihr Herz aber pilgerte zu Gott. Ein Stern ist der Bote des Himmels.

Der Stern von Betlehem stand vielleicht wirklich einmal am Himmel. Schon Kepler glaubte, dass die Konjunktion von Saturn und Jupiter der Stern von Betlehem gewesen sein könnte. Der Astronom Konradin Ferrari d'Occhieppo, ein Forscher und Kenner der babylonischen Keilschrift, entdeckte vor einigen Jahren folgende

Interpretation in babylonischen Keilschrifttexten: Anfang September (im Jahr sieben vor Christus) sahen babylonische Astrologen eine seltsame Erscheinung am Nachthimmel. Jupiter und Saturn schienen im Sternbild der Fische plötzlich zu einem Stern zu verschmelzen. Da Jupiter der Stern des babylonischen Gottkönigs Marduk war, Saturn hingegen derjenige Israels, wurde das Ereignis als Vorzeichen der Vereinigung der beiden Götter und als Geburt eines neuen Gottkönigs gedeutet.

Nicht die historische Frage ist wichtig, sondern der Weg, den Gott mit uns geht: Wir werden geführt, wenn wir aufmerksam leben. Die Weisen aus dem Morgenland bekommen in der Sprache, die sie verstehen, ein Zeichen. Wie reagieren fromme Heiden auf das Zeichen des Himmels? Sofort brechen sie auf und machen sich auf den Weg. Ohne Landkarte und Routenbeschreibung folgen sie dem Stern. Für ihre Füße ist kein Weg zu mühsam. Ihr Herz pilgert zum neuen Gottkönig.

Aber es gibt Wegstrecken, da tappen sie im Dunkeln. Als der Stern zeitweise verschwunden war, mussten die drei Weisen aus dem Osten neu suchen. Die drei Weisen ziehen zum Palast des Herodes. Das war doch die Botschaft des Sternes: Ein neuer Gottessohn sollte geboren werden. Und dieser konnte nur in einem Palast zur Welt kommen. Aber Herodes bekommt Angst und denkt nur an seinen Machterhalt.

Die biblische Erzählung berichtet: „Als König Herodes das hörte, erschrak er und mit ihm ganz Jerusalem. Er ließ alle Hohenpriester und Schriftgelehrten des Volkes zusammenkommen und erkundigte sich bei ihnen, wo der Messias geboren werden solle. Sie antworteten ihm: In Betlehem in Judäa; denn so steht es bei dem Propheten" (Mt 2,3-5). Die Schriftgelehrten sind die Ratgeber. Sie sind im Besitz der alten Verheißungen. Sie können Auskunft geben, tun aber keinen Schritt. Sie besitzen die richtigen Informationen, aber bewegen sich nicht. Sie sind wie Wegweiser, die den Weg selber nie gehen.

Von Neuem machen sich die Sterndeuter auf. Im Bericht des Evangeliums heißt es: „Und der Stern, den sie hatten aufgehen sehen, zog vor ihnen her bis zu dem Ort, wo das Kind war; dort blieb er stehen. Als sie den Stern sahen, wurden sie von sehr großer Freude erfüllt (Mt 2,9-10).

Der Stern mutet den drei Weisen allerhand zu: Über einem Stall blieb er stehen. Wo sie die Geburt des neuen Weltherrschers in einem Palast suchten, beugen sie nun vor einem Kind in der Krippe ihr Knie. Heidnische Sterndeuter finden die Erfüllung aller Sehnsucht in der Inkarnation des göttlichen Wortes.

Und auch dies ist wichtig: Zur rechten Zeit erscheint der Stern wieder! Gott lässt uns den Weg suchen, Schritt für Schritt. Er drückt uns am Anfang keine Straßenkarte mit eingezeichneter Route in die Hand. Aber zur rechten

Zeit schickt er seine Wegweiser – manchmal durch gute Freunde oder unscheinbare Zufälligkeiten. Wer sich führen lässt, kommt auch auf Umwegen und durch Nacht und Dunkelheit ans Ziel. Für uns ist wichtig, dass wir ein Leben lang beharrlich „Gott suchen"!

Wort in den Tag

Wer sich führen lässt, kommt auch auf Umwegen und durch Nacht und Dunkelheit ans Ziel. So kann ich nur wünschen und bitten:

Schicke uns den Stern zur rechten Zeit, damit wir deine Wege mit uns nicht verpassen, sondern deine Spuren entdecken und erkennen! Und wenn wir im Labyrinth unseres Lebens Umwege machen, schicke uns ein Licht, dass wir das Ziel nicht aus den Augen verlieren!

17. Dezember

Der Stern

Wort der Schrift

Des Himmels Schönheit und Pracht sind die Sterne, ein strahlender Schmuck in den Höhen Gottes. Durch Gottes Wort stehen sie geordnet da und ermatten nicht bei ihrer Nachtwache (Sir 43,9-10).

Wort im Advent

Können Sterne singen? Christian Morgenstern hat die „Melodie der Sterne" am Himmel entdeckt. Er schrieb: „Die Sterne lauter ganze Noten. Der Himmel die Partitur. Der Mensch das Instrument." Der Mensch kann die Sterne zum Klingen bringen. Er kann die Sprache des Himmels lernen. Der Himmel die Partitur, die Sterne lauter Noten. Wer noch staunen kann, hört im Inneren die wunderbaren Klänge des Firmaments.

Es gibt immer einen Dichter oder Musikanten, einen Narren oder einen Heiligen, der den göttlichen Auftrag hat, die Schönheit der Schöpfung zu besingen. „Des Himmels Schönheit und Pracht sind die Sterne, ein strahlender Schmuck in den Höhen Gottes. Durch Gottes Wort stehen sie geordnet da und ermatten nicht bei ihrer Nachtwache" (Sir 43,9-10). Dieser Lobpreis auf die Sterne wurde 170 Jahre vor der Geburt Christi geschrieben. Er steht im biblischen Buch Jesus Sirach. Sterne sind Boten Gottes. Ich möchte ihre Sprache immer wieder neu entziffern. Die Sterne der Nacht sind uns vom Paradies übrig geblieben. Sie leuchteten schon damals.

Wir sehen heute den Sternenhimmel anders an als der antike Mensch. Immer wieder hören wir von Sternen, die neu entdeckt wurden. Unsere Astronomen haben die Tiefen des Weltalls gemessen und die Zahl seiner Sterne bestimmt. Sie sagen: Es gibt Milliarden von Milchstraßen, und jede hat Milliarden von Sonnen. Der Sternenhimmel wird erforscht und durch die Raumfahrt entzaubert. Und dennoch ist für mich die Faszination des Sternenhimmels geblieben. Die Gestirne, die in den Höhen in unendlichen Weiten schimmern: Sie berühren mich. Ein gewaltiger Anblick ist mir das Weltall. Erschreckend und großartig zugleich. Ständiges Wachsen, endlose Dauer, uferloses Meer.

Zu Weihnachten steigen die Sterne vom Himmel auf die Erde. Sie setzen sich auf die Weihnachtsbäume, schmücken die Schaufenster, leuchten auf den Spitzen der Türme. Eine besonders schöne Sternengeschichte bekam ich im letzten Jahr zu Weihnachten „geschenkt":

„Als Kind saß ich oft mit meinem Großvater abends vor dem Haus und betrachtete den Sternenhimmel. Großvater kannte alle Sterne mit Namen; er zeigte mir zu den verschiedenen Jahreszeiten, wo die Sterne standen. Für mich waren das damals die schönsten Stunden des Tages. Der Blick zum Himmel ließ mich den knurrenden Magen vergessen und das sorgenvolle Gesicht meines Vaters, der wieder keine Arbeit gefunden hatte. Eines Abends sprach Großvater ganz ernst mit mir. Er sagte: Schau, ich bin sehr alt und sehne mich danach, endlich hinter die Sterne schauen zu dürfen und dort bei Gott Großmutter wiederzusehen. Ich merke, dass es bald so weit ist. Deshalb möchte ich, dass du meinen Stern übernimmst. Ich habe ihn mir als Kind ausgesucht, und immer, wenn die Erde mir zu schwer wurde, habe ich zum Himmel geschaut, meinen Stern gesucht und bin einfach eine Weile bei seinem Licht geblieben. Es war Gottes Licht am Himmel für mich. Das hat mir sehr vieles leichter gemacht, zu wissen, dieses Licht ist immer da. Dir soll es auch so gehen, nimm meinen Stern und schaue immer zum Himmel auf, wenn dich hier auf Erden etwas niederdrückt! Bleib eine Weile bei unserem Stern, atme tief durch und glaube mir, es wird dir guttun.

Da zeigte mir Opa sein Himmelslicht. Es war zum Norden hin der Stern, der beim Großen Bären in der Höhe des Polarsternes stand. Immer wenn ich es sehr schwer habe, gehe ich an das Fenster oder vor das Haus und schaue nach meinem Stern. Oft ist der Himmel verhangen, aber ich weiß, hinter den Wolken ist sein Licht. Und allein das Wissen, dass er da ist, genügte mir."

Ja, nur ein Stern kann alle Finsternis des Herzens vertreiben.

Wort in den Tag

Drei Dinge sind uns aus dem Paradies geblieben:
die Sterne der Nacht,
die Blumen des Tages
und die Augen der Kinder.

Ernesto Cardenal

18. Dezember

Leidenschaft

Wort der Schrift

Durch die barmherzige Liebe unseres Gottes wird uns besuchen das aufstrahlende Licht aus der Höhe, um allen zu leuchten, die in Finsternis sitzen und im Schatten des Todes, und unsre Schritte zu lenken auf den Weg des Friedens (Lk 1,78-79).

Wort im Advent

Viele, die unsere Gesellschaft näher analysieren, beklagen die Kälte und Gleichgültigkeit. Der Philosoph Kolakowski beklagt die universale Gleichgültigkeit. In dieser gefühlskalten Welt ist man einander fremd, weder freundlich noch feindlich, einfach neutral, uninteressant, egal!

Wie können wir uns gegen die Kälte und Gleichgültigkeit wehren? Gut gemeinte Sprüche wie „Seid nett zueinander!" helfen uns nicht weiter. Was haben wir als Christen dagegenzusetzen, gegen Hartherzigkeit und Herzlosigkeit, gegen die universale Gleichgültigkeit?

Wenn ich die Bibel richtig verstehe, dann ist der Gott, den sie verkündet, keine kalte, stumme Himmelsmacht. Gott hat selber Sehnsucht nach uns Menschen. Er hat ein leidenschaftliches Interesse an uns. „Gottes Leidenschaft ist der Mensch", sagt Augustinus.

Gott schließt einen Bund mit seinem Volk. Er macht sich verletzbar in seiner Liebe. Er leidet am Abfall seines Volkes. Er ist sogar eifersüchtig. Als Student fand ich die Vorstellung von einem Gott, der eifersüchtig und zornig ist, allzu menschlich. Ich meinte, man müsste das Gottesbild von diesen anthropomorphen Bildern reinigen. Der transzendente, abstrakte Gottesbegriff schien mir der Wirklichkeit mehr zu entsprechen. Später habe ich begriffen, dass solche Theorien und Abstraktionen den Glauben verkümmern lassen. Heute höre ich gerne andere Worte und nehme sie in mir auf. Jahwe spricht: „Kann denn eine Frau ihr Kindlein vergessen, eine Mutter ihren leiblichen Sohn? Und selbst wenn sie ihn vergessen würde: ich vergesse dich nicht" (Jes 49,15; vgl. 1 Kön 3,26; Jer 31,20).

Heilsgeschichte ist eine Sehnsuchtsgeschichte. Gott thront nicht fern über Wolken. Er hat ein leidenschaftliches Interesse an uns Menschen. „Denn Gott hat die Welt so sehr geliebt, dass er seinen einzigen Sohn hingab, damit jeder, der an ihn glaubt, nicht zugrunde geht, sondern das ewige Leben hat" (Joh 3,16).

Heilsgeschichte ist eine Liebeserklärung Gottes an uns Menschen. Die heilsgeschichtlich entscheidende Aussage steht in Gal 4,4: „Als aber die Zeit erfüllt war, sandte Gott seinen Sohn." Das Kommen Jesu ist die Erfüllung der Zeit.

Religion ist das Suchen des Menschen nach Gott. Jesus Christus ist das Suchen Gottes nach dem Menschen. Die Menschwerdung des Sohnes Gottes ist ein sichtbares Zeichen, wie sehr Gott diese Welt liebt. Gott selbst ist in seinem innersten Wesen Beziehung. Die innigste Liebesbeziehung besteht zwischen Vater, Sohn und Heiligem Geist. Das bekennen wir Christen vom dreifaltigen Gott. In diese Liebesbeziehung zieht Gott den Menschen hinein.

Der Eine ist Herrscher. Der Eine ist mächtig und allmächtig. Der Eine sitzt auf dem Thron und ihm gebührt Ehrfurcht. Die Ehrfurcht wird bei einigen zur Furcht und Angst. Der Dreifaltige aber ist ein Gott der Beziehungen, er ist barmherzig. Er ist Liebe. Und an diesem Austausch der Liebe zwischen Vater, Sohn und Geist will er sogar den Menschen teilnehmen lassen. „Die Liebe Gottes wurde unter uns dadurch offenbart, dass Gott seinen einzigen Sohn in die Welt gesandt hat, damit wir durch ihn leben" (1 Joh 4,9).

Wenn unsere Generation unter Gleichgültigkeit und Distanz leidet, dann müssen wir die alten Quellen wiederentdecken, die von einem Gott sprechen, der wie ein Vater im Himmel ist und uns alle zu Schwestern und Brüdern macht. In diesem Satz liegt die Begründung für den Traum von einer geschwisterlichen Welt.

Wort in den Tag

Im Advent, auf dem Weg zum Fest, an dem wir die Menschwerdung des Gottessohnes feiern, bin ich immer herausgefordert, über mein Gottesbild nachzudenken. So sehr hat Gott die Welt geliebt ... (Joh 3,16).

„So sehr hat Gott dich geliebt ..." Was bedeuten solche biblischen Worte für mein Leben?

19. Dezember

Herbergssuche

Wort der Schrift

Und sie (Maria) gebar ihren Sohn, den Erstgeborenen. Sie wickelte ihn in Windeln und legte ihn in eine Krippe, weil in der Herberge kein Platz für sie war (Lk 2,7).

Wort im Advent

Herbergssuche ist auch heute kein Fremdwort. Viele sind heute unterwegs auf der Suche nach Heimat, nach einem Zuhause. Viele sind Fremde, nur auf der Durchreise, Flüchtlinge – Herbergssuche. Vielleicht gab es auf dieser Erde noch nie so viele auf der Flucht wie in unserer Zeit. Entwurzelt, vertrieben, abgeschoben. „Geht fort von hier zur nächsten Tür!"

Herbergssuche – wie damals in Betlehem, so heute – an vielen Orten! „Die Entwurzelung ist bei Weitem die gefährlichste Krankheit der menschlichen Gesellschaft", sagte Simone Weil. Und „die Verwurzelung ist das tiefste Bedürfnis der menschlichen Seele."

Ein kleiner Satz im Lukasevangelium zeigt, dass Josef und Maria damals in Betlehem das gleiche Schicksal erfahren haben. „Und Maria gebar ihren Sohn, den Erstgeborenen. Sie wickelte ihn in Windeln und legte ihn in eine Krippe, weil in der Herberge kein Platz für sie war" (Lk 2,7). Alle Hotels und Unterkünfte waren besetzt. Kaiser Augustus hatte die Zählung des Volkes angeordnet. Wer wollte jetzt in Betlehem eine hochschwangere Frau aufnehmen, die jeden Moment ein Kind gebären würde?

Herbergssuche. Als wir im vergangenen Jahr bei einer Adventsfeier mit Obdachlosen das Lied von der Herbergssuche anstimmten, meinte einer: „Das sind wir! Das ist unser Lied!" Ein anderer sagte: „Das hätte ich dem Josef gleich sagen können: Wenn du als Fremder anklopfst, kriegst du kein Zimmer. Da bleibt nur die Platte. Was kannst du machen? „Kanalo grande", Strauch 17, Parkbank 8 ist auch noch frei." „Platte machen" nennen es die Obdachlosen, wenn sie draußen schlafen und ein Notquartier in Abbruchhäusern und Gartenlauben suchen.

Ein Obdachloser meint: „So ist das, Josef! Da bleibt nur noch die Platte für dich. Auf der Platte wird Christus geboren. Gut, dass es noch ein paar Kumpels gibt. Josef, wenn du heute auf der Straße stündest, wir würden dich mitnehmen. Wie die Hirten damals würden wir alles mit dir teilen, und ein paar Butterbrote würden wir euch von einer Klosterpforte besorgen. Also kommt und lasst uns nach Betlehem gehen."

Wort in den Tag

Herbergssuche ist auch heute aktuell. Es gibt nicht nur die Migranten und Asylanten, es gibt auch die „psychisch Obdachlosen", die weltanschaulich Heimatlosen. So verstehe ich das Wort von Simone Weil:

„Die Entwurzelung ist bei Weitem die gefährlichste Krankheit der menschlichen Gesellschaft und die Verwurzelung das wichtigste und meistverkannte Bedürfnis der menschlichen Seele."

20. Dezember

Die kleine Tür

Wort der Schrift

Bemüht euch mit allen Kräften, durch die enge Tür zu gelangen; denn viele, sage ich euch, werden versuchen hineinzukommen, aber es wird ihnen nicht gelingen (Lk 13,24).

Wort im Advent

Durch große Portale betritt man die Kathedralen. – Das ist mein erster Gedanke, wenn ich das Wort „Portal" höre.

Beim Wort „Türen" fällt mir ein: Arme in Slums haben keine Schlösser an ihren Haustüren. Reiche Villen aber werden durch Alarmanlagen und Gitter geschützt.

Eine offene Tür ist wie eine wunderbare Einladung. Und wenn ich an die biblische Botschaft über Türen denke? Zwölf Tore hat das himmlische Jerusalem. Der barmherzige Vater steht unter seiner Haustür und wartet auf seinen Sohn. Er sieht ihn schon von Weitem kommen und läuft ihm entgegen. Und Jesus sagt: „Ich bin die Tür" (Joh 10,7).

Eine Tür, die ich durchschritten habe, werde ich nicht vergessen. Bei einer Pilgerreise stand ich vor der kleinen Tür der Kathedrale von Betlehem. Sie ist die älteste Kirche der Christenheit (4. Jahrhundert). Wer zum Ort der Christgeburt will, muss sich tief bücken. Die Tür zur Basilika über der Grotte ist nur 1,40 Meter hoch, wie ein Loch. Das Portal wurde im Mittelalter zugemauert, weil Soldaten mit ihren Pferden in die byzantinische Kirche geritten waren. Wer heute durch die Tür gehen will, muss vom hohen Ross steigen. Er muss alle Waffen und Rüstungen ablegen. Alles sperrige Gepäck und allen Ballast muss er abwerfen. Wer hineinwill, muss sich kleinmachen. Und jeder muss allein hindurch.

Wer zur Grotte will, schreitet durch das Halbdunkel der Geburtskirche. Alle schweigen. Jedes Wort ist hier fehl am Platz. Das Gold der Ikonen leuchtet auf. Die Wände und das hohe Gewölbe sind von den vielen Kerzen, die hier schon brannten, dunkel geworden. Dann eine Felsstiege hinunter, die Grotte, der silberne Stern auf dem Marmorboden. „Hic – hier", heißt es. Es gibt Augenblicke, da spüren wir etwas von dem Geheimnis, wie sich Himmel und Erde berühren können.

Wer das Geheimnis von Weihnachten verstehen will, muss sich tief bücken. Sich tief bücken heißt, daran glauben, dass Gott nicht nur Herrscher über dem Sternenzelt ist, sondern sich auch als Kind in der Krippe zeigt.

Und wenn einer fragt: Warum spüre ich so wenig davon? Warum erfahre ich Gott nicht in meinem Leben?, dann gilt die Antwort eines jüdischen Rabbi: „Weil sich heute niemand mehr so tief bücken will." Denn du musst dich bücken, wenn du das Kind in der Krippe verstehen willst. Nicht von oben, sondern von unten kommt das Heil.

Wenn wir alle Zeichen der Liebe in unserem Leben zusammensuchen – wo Menschen sich zu uns herunterbückten, uns wieder auf die Beine halfen; wenn wir alle Erfahrungen der Liebe in unserem Leben zusammensuchen – wo wir uns selbst niederbeugten und anderen unseren Dienst schenkten, dann werden wir nicht mehr behaupten können, dass Gott nicht da ist in unserer Geschichte.

Wort in den Tag

Von offenen Türen und niederschwelligen Zugängen spricht man heute in der Sozialen Arbeit und in der Caritas. In der Cityseelsorge spricht man sogar vom „Sakrament der offenen Tür". Wichtig sind nicht nur die offenen Türen an Gebäuden, sondern die offene Tür der Herzen. Im Mittelalter schrieb man über Klosterpforten der Zisterzienser:

Porta patet – cor magis. Die Tür steht offen – das Herz noch mehr!

21. Dezember

Die Engel

Wort der Schrift

In jener Gegend lagerten Hirten auf freiem Feld und hielten Nachtwache bei ihrer Herde. Da trat der Engel des Herrn zu ihnen und der Glanz des Herrn umstrahlte sie. Sie fürchteten sich sehr, der Engel aber sagte zu ihnen: Fürchtet euch nicht, denn ich verkünde euch eine große Freude, die dem ganzen Volk zuteilwerden soll: Heute ist euch in der Stadt Davids der Retter geboren; er ist der Messias, der Herr. Und das soll euch als Zeichen dienen: Ihr werdet ein Kind finden, das, in Windeln gewickelt, in einer Krippe liegt. Und plötzlich war bei dem Engel ein großes himmlisches Heer, das Gott lobte und sprach: „Verherrlicht ist Gott in der Höhe und auf Erden ist Friede bei den Menschen seiner Gnade“ (Lk 2,8-14).

Wort im Advent

Auf den Kontrast kommt es an. In äußerster Armut, dort, wo der Stall steht und die Hirten im Freien lagern, da öffnet sich der Himmel und die Herrlichkeit Gottes erscheint. Ein kleines Kind in Windeln besingen die himmlischen Heerscharen. Das ist der Kontrast, der zu Weihnachten gehört.

Zu jeder Krippe gehören die Engel. Kein kunstvolles Weihnachtsbild ohne die Engel mit ihren großen Flügeln. Groß müssen sie sein, denn groß ist ihre Botschaft. Sie sind, was ihr Name „Angelus" sagt, Boten des Allerhöchsten. Sie geben die Deutung: Das Kind ist der Messias, der Retter der Welt. Und sie zeigen auf das Zeichen, damit wir es nicht übersehen: ein Kind in Windeln. Es liegt in einer Krippe. Ein Kind ist so klein, man kann es übersehen. Wer nicht Acht gibt, kann Weihnachten verpassen. Wer nicht wach ist, kann Weihnachten verschlafen. Engel singen es uns ins Ohr: „Ehre sei Gott in der Höhe!"

Engel können besonders gut singen, glaube ich. Sie werden in der Kunst mit Harfen und Lauten, Pauken und Trompeten dargestellt. Sie singen den himmlischen Choral. Sie stimmen das „Gloria in excelsis deo" an. Der Hymnus ist das Lied der Engel. Sie steigen die himmlische Leiter herab, auf der unser Herz sich Sprosse für Sprosse dem Himmel nähern kann. Sie nehmen uns die Angst. Denn überall, wo sie erscheinen, heißt es: „Fürchte dich nicht!"

Der Gesang der Engel macht die Hirten auf das Wunder, das in Betlehem geschah, aufmerksam. Manchmal brauchen wir die himmlischen Boten, die uns ein Geschehen interpretieren. Ohne die Engel wäre Weihnachten nicht möglich gewesen. Bei der Verkündigung, als Maria ratlos fragt: „Wie soll das geschehen, da ich keinen Mann erkenne?“, sagt der Engel: „Bei Gott ist nichts unmöglich!“ Als Josef Maria heimlich verlassen will, erscheint im Traum der Engel und klärt Josef über das Geheimnis des Kindes auf. In der Heiligen Nacht erscheinen die himmlischen Heerscharen auf den Feldern von Betlehem, damit die Hirten das Wunder der Menschwerdung bemerken. Ohne die Engel hätte man damals Weihnachten übersehen. Die Engel sind also keine schöne Verzierung an Weihnachtskrippen. Sie öffnen uns die Augen und hoffentlich auch die Herzen!

Wort in den Tag

Engel singen Lieder von der „großen Freude, die dem ganzen Volk zuteilwerden soll“. Menschen tragen diese Botschaft in den Weihnachtsliedern weiter. Die Lieder des kommenden Festes erinnern uns daran, dass Gott uns nicht vergessen hat. Er ist Mensch geworden. Besonders ein Lied geht um die Welt:

Stille Nacht, heilige Nacht!
Hirten erst kundgemacht;
durch der Engel Halleluja
tönt es laut bei ferne und nah:
Jesus, der Retter, ist da!

Ich freue mich sehr, wenn wir das „Stille Nacht" in der Weihnachtsnacht wieder anstimmen.

22. Dezember

Der Stall

Wort der Schrift

Jesus antwortete ihm: Die Füchse haben ihre Höhlen und die Vögel ihre Nester; der Menschensohn aber hat keinen Ort, wo er sein Haupt hinlegen kann (Mt 8,20).

Wort im Advent

Mit Eifer habe ich als Schüler einen Stall für unsere Weihnachtskrippe gebastelt. Ich habe Holzbretter und Baumrinde gesammelt und Stroh für das Dach. In der Adventszeit arbeitete ich jede freie Minute an meinem „Kunstwerk", Engel wurden auf dem Dach befestigt und für das Licht ein kleines Birnchen im Stall angebracht. Ochs und Esel bekamen eine Futterkrippe. Und wo Maria mit dem Kinde saß, da war das Heu ganz weich.

Der Weg zum göttlichen Kind führt in den Stall. Nicht im Königspalast des Herodes, nicht im Tempel von Jerusalem, sondern in einer Höhle auf den Fluren Betlehems zeigte es sich. Seit Betlehem gibt es keinen Ort, wo Gott nicht sein könnte, denn eine Futterkrippe war damals gut genug. „Zu unserem Heil ist er vom Himmel herabgekommen“, beten wir im Apostolischen Glaubensbekenntnis.

Der heruntergekommene Gottessohn – er begibt sich auf unsere Ebene. Er scheut sich nicht, so zu sein wie wir. Er nennt uns Schwestern und Brüder. Er hat den Erweis seiner Göttlichkeit nicht dadurch erbracht, dass er alles von oben her regelt. Er ist herabgekommen auf Augenhöhe. Er ist Mensch geworden. Ist das nicht Grund genug zu feiern?

Gottes Sohn wird als Kind in einem Stall geboren. Das ist die Botschaft von Weihnachten und sie ist revolutionär. In der Botschaft vom Kind in der Krippe steckt Zündstoff. Es stellt unser Selbstbild auf den Kopf. Der Psychologe C. G. Jung weist öfters darauf hin: „Der Mensch soll immer daran denken, dass Christus im Stall geboren wurde.“ Für ihn ist das ein Symbol dafür, dass Gott auch in uns geboren werden kann, wenn wir den Mut haben, den „Stall in uns“ anzuschauen. Er ist ein Bild für das Unaufgeräumte, das Chaos, in uns; für das, was uns peinlich ist, was wir am liebsten vor uns selbst und vor anderen verbergen würden.

Der Weg zum göttlichen Kind führt über den Stall von Betlehem, führt über und durch den eigenen Stall unserer Seele. Er führt durch die Schatten, durch all das Verdrängte, das wir vom Leben ausgeschlossen haben.

Erneuerung verlangt das ehrliche Anschauen des Dunkels in uns.

Diese Erfahrung finde ich im Gebet eines Papstes wieder. Der große Papst Johannes XXIII. betet mit einfachen Worten: „Ich bin ein armer Hirt, habe nichts als einen elenden Stall, eine Krippe, ein wenig Stroh. Ich biete Dir alles an. Wenn Du doch diese Hütte annehmen wolltest! Eile, Jesus, sieh, hier ist mein Herz. Mein Herz ist arm. Das Stroh meiner vielen Unvollkommenheiten wird Dich stechen. Aber es ist alles, was ich habe. Herr, schmücke mein Herz mit Deiner Gegenwart! Verwandle es in eine Wohnung für Dich! Ich will Dich loben und Dir danken."

Wort in den Tag

Der Weg zum göttlichen Kind führt über und durch den eigenen Stall unserer Seele. Er führt durch die Schatten, durch all das Verdrängte, das wir vom Leben ausgeschlossen haben. Der Weg zum Kind verlangt das ehrliche Anschauen des Dunkels in uns. Dann vertreibt das Licht die Finsternis unseres Herzens.

23. Dezember

Die Krippe

Wort der Schrift

Christus Jesus war Gott gleich, hielt aber nicht daran fest, wie Gott zu sein, sondern er entäußerte sich und wurde wie ein Sklave und den Menschen gleich. Sein Leben war das eines Menschen; er erniedrigte sich und war gehorsam bis zum Tod, bis zum Tod am Kreuz (Phil 2,5-8).

Wort im Advent

Die Krippe ist den Weg der „Entäußerung" (Kenosis) Jesu Christi. Später folgt das Kreuz. Er „entäußert sich" auch in der Eucharistie. Er liefert sich aus in die Hände des Menschen. Dies ist der dreifache „Sehnsuchtsweg" Gottes nach uns Menschen: Krippe, Kreuz und Eucharistie. Er macht sich ganz klein, wird arm und ohnmächtig, damit er uns nahe sein kann. „Seht, die Demut Gottes!", ruft Franz von Assisi vor diesem Geheimnis aus.

Das harte Holz einer Futterkrippe in einem Stall bei Betlehem war die erste Berührung des Kindes mit dieser Erde. Das ist der Weg der Inkarnation. In der Menschwerdung wird der Gottessohn klein und ohnmächtig. Er kommt in Armut auf unsere Welt. Ein Stall und eine Futterkrippe bergen das Geheimnis der Herablassung Gottes, dessen „Leidenschaft der Mensch ist" (Augustinus).

Gegen die brutalen Machenschaften aller Menschheitsbeglücker setzt Gott die Ohnmacht eines Kindes. Uns, die wir so erwachsen sind, erreicht Gott als kleines Kind in der Krippe. Wer nun Gott in seinem Leben erfahren will, muss klein werden und sich niederbeugen, denn man übersieht so schnell ein Kind in der Krippe. Nicht von oben, sondern von unten kommt das Heil.

„Gott hat die Welt so sehr geliebt, dass er seinen einzigen Sohn hingab, damit jeder, der an ihn glaubt, nicht zugrunde geht, sondern das ewige Leben hat" (Joh 3,16). Krippe und Kreuz sind die Zeichen der leidenschaftlichen Beziehungsgeschichte Gottes mit uns Menschen. Heilsgeschichte ist eine Liebeserklärung Gottes an uns Menschen. In manchen Weihnachtsbildern schaut man die Krippe in Verbindung mit dem Kreuz.

Es gibt nichts Heiligeres als das Kind. Der heilige Franziskus hat das besonders verstanden. Die Theologen aller Zeiten verkünden „deus semper major": Gott ist immer größer, als wir ihn denken können. Franziskus würde sagen: „deus semper minor." Gott ist immer kleiner, als wir ihn fassen können. Franziskus liebt es, in der Meditation Christus als Kind in der Krippe zu betrachten. In

Greccio stellte er mit seinen Brüdern die Weihnachtsgeschichte nach. Dies soll der Ursprung unserer Weihnachtskrippen sein.

Franz von Assisi zitiert gern den Apostel Paulus: „Christus Jesus war Gott gleich, hielt aber nicht daran fest, wie Gott zu sein, sondern entäußerte sich und wurde wie ein Sklave und den Menschen gleich" (Phil 2,5-7).

Das ist das Paradox christlicher Spiritualität: Gott ist der Demütige und nur so der Allmächtige. Er ist der immer noch Kleinere und nur so der Größere. Er ist der Schwache und nur so der Starke. Der heruntergekommene Gott, nicht nur in der Niederkunft bei der Geburt, sondern hinabgestiegen bis in die Schattenreiche unseres Lebens.

Wort in den Tag

In Jesus Christus hat Gott die "Karriere nach unten" gewagt. Wir aber möchten der Größte und Beste sein; wir müssen glänzen. – Zu Weihnachten möchte ich meine Aufmerksamkeit besonders auf das Schwache, Ohnmächtige und Kleine richten.

24. Dezember

Das Kind – Heiligabend

Wort der Schrift

Und sie (Maria) gebar ihren Sohn, den Erstgeborenen. Sie wickelte ihn in Windeln und legte ihn in eine Krippe, weil in der Herberge kein Platz für sie war (Lk 2,7).

Wort im Advent

In seiner „Fröhlichen Wissenschaft“ spricht Friedrich Nietzsche vom tollen Menschen, der behauptet, dass wir Gott getötet haben. Mit einer Laterne läuft der tolle Mensch am helllichten Tag durch die Straßen und sucht Gott. Alle lachen ihn aus, scherzen mit ihm und mutmaßen: „Ja, vielleicht hat er sich verlaufen wie ein Kind!“

Kann Gott sich verlaufen? Wenn ein Kind sich verläuft, dann geht es dorthin, wohin es nicht gehört. An Weihnachten hat Gott sich verlaufen – nicht nur *wie* ein Kind, sondern *als* Kind.

Als Kind in der Krippe suchen die Hirten ihn dort, wo er als Gottessohn eigentlich nicht hingehört: in einem

Viehstall. Er ist nicht in der verschlossenen Herrlichkeit seines Himmels und nicht im Binnenraum unserer Frömmigkeit geblieben, sondern er hat sich „verlaufen" zu den Kleinen und Armen.

Gott hat sich verlaufen wie ein Kind – nur dass es eben kein Irrtum war, sondern das Göttlichste, was Gott tun kann.

Gott ist der Gott aller – oder er ist nicht Gott. Und er selbst steigt in seinem Sohn herab. Nicht als König und Machthaber, sondern als Kind. „Für uns Menschen und zu unserem Heil ist er vom Himmel herabgekommen", beten wir im großen Glaubensbekenntnis. Ein bedürftiges Kind ist nicht unbedingt ein überwältigender Gottesbeweis, für viele eher eine Zumutung. Und doch, näher ist Gott uns nie. Das Geheimnis unseres Glaubens ist das Geheimnis des Kindes.

Warum beginnt seine Geschichte mit uns so missverständlich? Warum macht er sich nicht ein wenig deutlicher? Zu Hirten auf dem Felde wird gesagt: „Das soll euch als Zeichen dienen: Ihr werdet ein Kind finden, das, in Windeln gewickelt, in einer Krippe liegt" (Lk 2,12). Mit anderen Worten: Das Zeichen für die Hirten war nichts Außerordentliches, sondern etwas ganz Gewöhnliches: ein Kind. Uns, die wir so erwachsen sind, erreicht Gott nur als kleines Kind.

Das Geheimnis des Christen ist das Geheimnis des Kindes. Warum gerade das Kind? Das Kind ist der unschuldigste, der reinste Ort auf dieser Welt. Interessant ist die Tatsache: Wenn der Dalai Lama stirbt, ziehen die Priester in Tibet aus, um das Kind zu suchen, in dem die Inkarnation des Göttlichen sich neu ereignet hat.

Mensch werden heißt: Kind werden. Seit Adam und Eva gibt es keine Ausnahme davon. Der Weg zum Menschsein führt über das Kind. Es ist auch Gottes eigener Weg zu uns. Gottes Sohn ist Mensch geworden, indem er Kind wurde.

Gegen die brutalen Machenschaften aller Menschheitsbeglücker setzt Gott die Ohnmacht eines Kindes. Auf das Kind kommt es an. Wer es findet, erkennt: So ist Gott! Gott ist wider alle Erwartung. Gott ist alltäglich und geheimnisvoll wie ein Kind. Gott ist so mächtig und ohnmächtig wie ein Kind. Gott ist zum Staunen.

Die Geburt von Göttersöhnen wird in vielen Religionen und Mythologien berichtet. Beim Kind in Betlehem erscheint aber nicht ein Rachegott. Bei der Geburt Jesu verkünden Engel: „Friede den Menschen auf Erden!"

Gott erscheint nicht mehr als anonyme Macht, als fremde Gewalt. Ein Gesicht wird erkennbar, ein Paar Augen, ein Mund, ein Kind in der Krippe. Er teilt unser Leben, das von Geburt und Tod gezeichnet ist. Er, der anders ist als wir, ist dennoch dorthin gekommen, wo wir sind, wo Schafställe und Futterkrippen stehen, dorthin, wo Menschen hungern und frieren. Und weil diese freudige Erfahrung grundsätzlich allem Volk widerfahren soll, deswegen sagen wir es weiter:

Freut euch,
der Heiland ist euch geboren,
der Retter der Welt!

Zu Weihnachten haben sich Himmel und Erde vermählt. Wir schauen auf das göttliche Kind und erfahren, welche Kraft im Kleinen steckt. Wenn das kleinste Materieteilchen, das Atom, in Berührung kommt mit der Dynamik des Lichtes, dann entsteht eine Kraft, die wir nicht mehr bändigen können. Im kleinsten Ding kann die größte Kraft entfesselt werden.

Zu Weihnachten feiern wir ein ohnmächtige Kind, das im Stroh der Krippe liegt. Wenn das Kleinste mit der göttlichen Kraft in Berührung kommt, verwandelt sich alles, was lebt. Durch dieses Kind kommen wir mit Gott selbst in Berührung. Durch dieses kleine Kind wird eine Energie der Liebe entfesselt, welche die ganze Welt in ein Paradies verwandeln kann.

Wort zum Weihnachtsfest

Das Kind in der Krippe gibt unserer Zeit ein humanes Gesicht. Ein Kind ist die Ikone Gottes. Und jedes menschliche Gesicht ist jetzt heilig.

Wir müssen unseren Blick bekehren. Für diesen neuen Blick brauchen wir mehr als gesunde Augen oder gute Brillengläser.

Jedes Gesicht ist außergewöhnlich, es gibt kein gewöhnliches Gesicht, kein Dutzendgesicht – jedes Gesicht ist eine Offenbarung des unendlichen Gottes, jedes Gesicht ist eine Erscheinung des Herrn – eine Epiphanie.

Weihnachten

25. Dezember

Das Wunder – Gott wird Mensch

Wort der Schrift

Das wahre Licht, das jeden Menschen erleuchtet, kam in die Welt. Er war in der Welt, und die Welt ist durch ihn geworden, aber die Welt erkannte ihn nicht. Er kam in sein Eigentum, aber die Seinen nahmen ihn nicht auf. Allen aber, die ihn aufnahmen, gab er Macht, Kinder Gottes zu werden, allen, die an seinen Namen glauben … Und das Wort ist Fleisch geworden und hat unter uns gewohnt und wir haben seine Herrlichkeit gesehen, die Herrlichkeit des einzigen Sohnes vom Vater, voll Gnade und Wahrheit (Joh 1,9-12.14).

Wort im Advent

Wollen Sie wissen, wer Jesus war? Dann müssen Sie bei Gott anfangen. Er war das, was er war, bevor er geboren wurde, und was er ist, ist er auch jetzt. Er war und ist das Licht, und dieses Licht leuchtet auch heute in der Finsternis.

Jesus, der Retter der Welt, ist heute geboren. Er hat selbst behauptet: „Ich bin das Licht der Welt."

Woher kommt dieser Lichtbringer? Nicht bei der Geburt fängt das Johannesevangelium an, nicht bei der Empfängnis, nicht bei der Verheißung durch Engel. Um zu verstehen, woher dieser Mensch kommt und wer er ist, setzt Johannes früher ein. Eigentlich ist sogar das Wort früh falsch: Er setzt tiefer an, vor aller Zeit.

Das Johannesevangelium macht klar: Im Anfang ist nicht der Mensch. Deswegen fängt es nicht mit den „menschlichen Vorfahren" Jesu an, auch nicht mit dem, was Jesus getan hat, sondern mit dem, was Christus ist. „Das Wort war Gott ... In ihm war das Leben, und das Leben war das Licht der Menschen. Und das Licht leuchtet in der Finsternis ... Das wahre Licht, das jeden Menschen erleuchtet, kam in die Welt" (Joh 1,1-9). Das bedeutet aber auch, dass das Licht vor der Finsternis ist. Und der Finsternis wird es nicht gelingen, dieses Licht zum Verlöschen zu bringen. Das ist das Evangelium.

Große Meister des Mittelalters malten Krippenbilder so, als wenn das Licht aus der Krippe auf die Gesichter von Maria und Josef und den Hirten fällt. Aus der Krippe kommt das Licht, das die dunkle Nacht erleuchtet.

In der schwärzesten Nacht, der längsten Nacht des Jahres, kommt Gott in die Welt. Inkarnation ist das Einlassen Gottes auf unsere Finsternis. Er schaut nicht kurz bei Tageslicht herein. Er sucht uns in der dunkelsten Nacht auf. Wäre er einer von uns, wenn er in Christus diesen Tiefpunkt gescheut hätte? „Das Licht leuchtet in der Finsternis." Unsere Nacht wird kürzer. Unsere Finsternis hell. Jesus Christus ist das Licht, das die Finsternis meines Herzen erleuchten will.

Weihnachten erinnert daran, dass unserem eigenem Leben etwas Tieferes zugrunde liegt. Wir reden nicht oft darüber, aber es ist tatsächlich das Wichtigste, was wir über uns sagen könnten. Auch wir sind aus dem Licht geboren. Jetzt erfüllt sich, was wir in so vielen Tagen des Advents herbeigesehnt haben: „Ihr alle seid Söhne des Lichts und Söhne des Tages. Wir gehören nicht der Nacht und nicht der Finsternis" (1 Thess 5,5). Heute feiern wir, was uns letztlich ausmacht und trägt. Wir feiern unseren Ursprung: unsere Geburt aus dem Licht, das uns erschienen ist im Stall von Betlehem.

Wort zum Weihnachtsfest

Darum ist richtig, was Hans Børli sagt:

Eins ist notwendig – hier
in dieser unserer komplizierten Welt
von Obdachlosen und Heimatlosen:
in sich selbst Wohnung beziehen.
Geh hinein ins Dunkel
und putze den Ruß von der Lampe!
Damit Menschen auf der Straße
Licht schimmern sehen
in deinen bewohnten Augen.

26. Dezember

Echo – Nachklang

Als Nachklang zitiere ich Verse von Helga Rusche. Das ist „verdichtete" Sprache. Heilsgeschichte in drei Zeilen:

Ich suchte meinen Weg zu Dir,
da gingst Du Deinen Weg zu mir
und gabst ihn mir als Weg zu Dir.

Die Verse fassen die Sehnsucht der ganzen Heilsgeschichte zusammen. Seit Tausenden von Jahren sucht der Mensch den Weg, um Gott näherzukommen. Schon der Psalm 63 beschreibt das: „Gott, du mein Gott, dich suche ich, meine Seele dürstet nach dir, mein Leib schmachtet nach dir wie dürres, lechzendes Land ohne Wasser. Darum halte ich Ausschau nach dir … (Ps 63,2-3)."

Der heilige Benedikt antwortete auf die Frage, was einen guten Mönch kennzeichnet: „Dass er beharrlich Gott sucht". Auch heute sucht der Mensch nach Gott. Man beschreibt das Suchen als „Himmelssehnsucht", als

„Respiritualisierung". Aus eigener Kraft findet der Mensch nicht zu Gott. Doch Gott selbst macht sich auf den Weg zu den Menschen. Gottes Sohn, Jesus Christus, ist der Weg. Er ist die Brücke, die den Abgrund zwischen Gott und Mensch überbrückt. Inkarnation – Menschwerdung ist die Verkündigung dieses Geheimnisses.

Weihnachten beschreibt der Apostel Paulus im Philipperhymnus mit den Worten: „Jesus hielt nicht daran fest, Gott gleich zu sein. Er entäußerte sich und nahm Knechtsgestalt an" (vgl. Phil 2,6). Jesus wurde unser Bruder. Nun hat Gott ein menschliches Gesicht. Jesus ist die Ikone Gottes. Er ist der verlässliche Weg, der uns zu Gott führt. Auch dieses Wort ist wichtig:

Religion ist das Suchen des Menschen nach Gott. Jesus, Christus ist das Suchen Gottes nach dem Menschen.

Das Christentum ist die Religion einer Liebesgeschichte zwischen Gott und Mensch. Im Herzen der Botschaft Jesu befindet sich der Mensch. Er ist das Ziel der Inkarnation und der Erlösung. Der Mensch ist „Angelpunkt" des Reiches Gottes.

Der Ort in der Welt, an dem Gott gegenwärtig ist, ist der Mensch. Er ist der Tempel des Heiligen Geistes. Und wenn der Tempel in Jerusalem zerstört wurde, so nicht, um durch andere Tempel aus Stein ersetzt zu werden, auch wenn sie Kirchen genannt werden. Seit Weihnachten ist die Wohnung Gottes das Herz des Menschen. Darum steht zum Schluss das Wort von Angelus Silesius:

Und wäre Christus tausendmal zu Betlehem geboren,
doch nicht in dir, du wärest ewiglich verloren.

Bildnachweis

S. 9: Josef, der Hörende, Bronzefigur von Hilde Schürk-Frisch; Foto: © Erich Purk.

S. 95: Ausschnitt aus dem Tympanon in der Taufkapelle der Liebfrauenkirche, Frankfurt am Main, um 1425, von Madern Gerthener. Foto: © Erich Purk.

Quellennachweis

5. Dez.: vgl. Gotteslob 132.

8. Dez.: Marienmeditation nach einem Text von Paul Claudel (1868–1955).

9. Dez.: „Maria durch ein' Dornwald ging", Musik und Text: trad. (um 1850).

17. Dez.: Geschichte vom Himmelslicht, Rechte beim Autor: © Norbert Possmann SAC.

21. Dez.: vgl. Gotteslob 145.

24. Dez.: Friedrich Nietzsche, Die fröhliche Wissenschaft (1882) mit dem Titel „Der tolle Mensch", Aphorismus 125.

25. Dez.: Text von Hans Børli, aus dem Norwegischen übersetzt von © Gerhard Heilmann, in: Angelika Büchelin (Hg.), Ein warmes Licht erfüllt den Raum, Inspirationen für Advent und Weihnachten, Eschbach 2006.

26. Dez.: Helga Rusche, Rechte bei der Autorin.

Sollten, trotz gründlicher Recherche nach Urhebern von Fremdtexten, im Einzelfall Nachweise nicht korrekt sein oder die Erlaubnis des Abdrucks fehlen, sind wir für entsprechende Hinweise dankbar.

Verlag Katholisches Bibelwerk GmbH